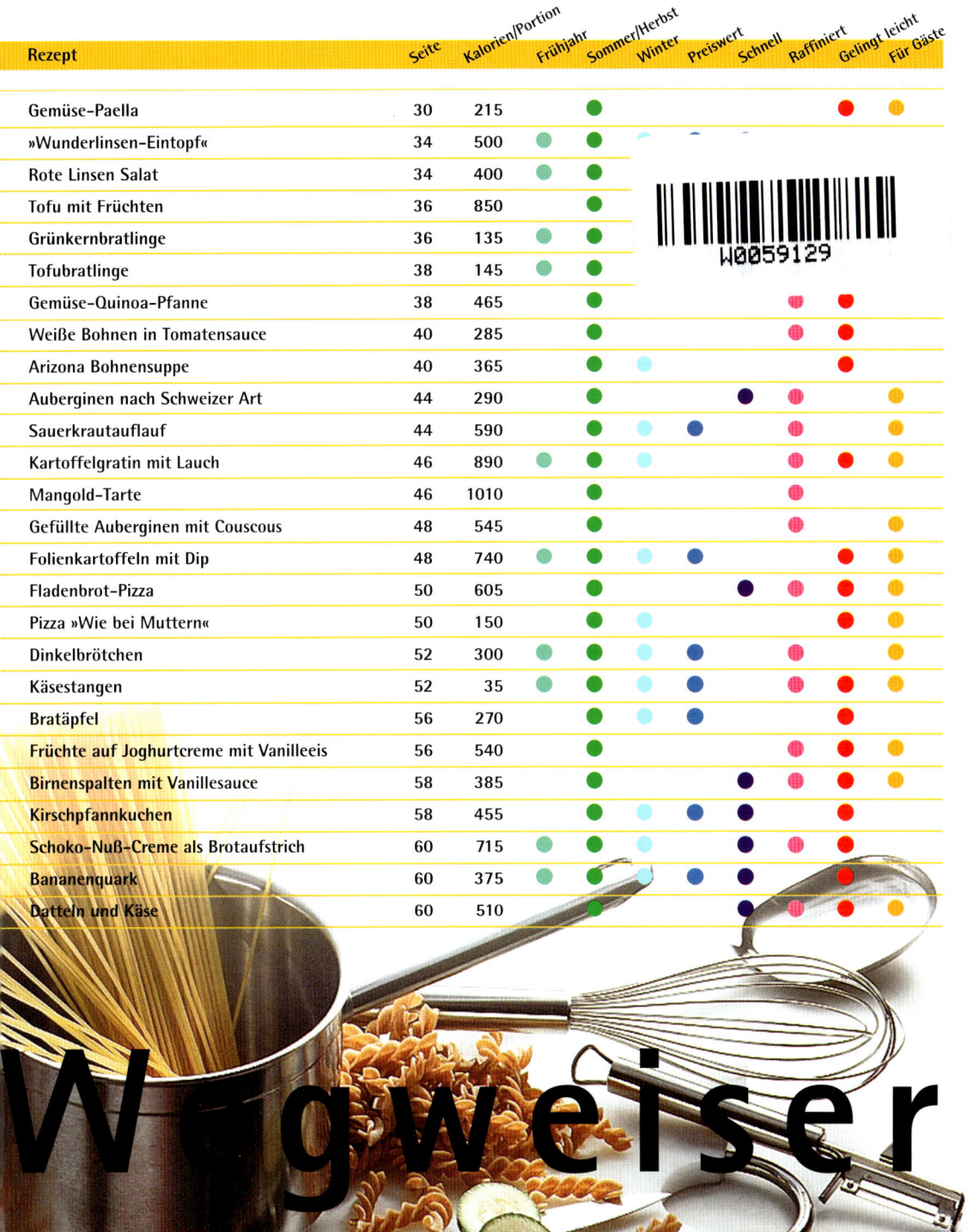

Rezept	Seite	Kalorien/Portion	Frühjahr	Sommer/Herbst	Winter	Preiswert	Schnell	Raffiniert	Gelingt leicht	Für Gäste
Gemüse-Paella	30	215		●					●	●
»Wunderlinsen-Eintopf«	34	500	●	●						
Rote Linsen Salat	34	400	●	●						
Tofu mit Früchten	36	850		●						
Grünkernbratlinge	36	135	●	●						
Tofubratlinge	38	145	●	●						
Gemüse-Quinoa-Pfanne	38	465		●				●	●	
Weiße Bohnen in Tomatensauce	40	285		●				●	●	
Arizona Bohnensuppe	40	365		●	●				●	
Auberginen nach Schweizer Art	44	290		●			●	●		●
Sauerkrautauflauf	44	590		●	●	●		●		●
Kartoffelgratin mit Lauch	46	890	●	●	●			●	●	●
Mangold-Tarte	46	1010		●				●		
Gefüllte Auberginen mit Couscous	48	545		●				●		●
Folienkartoffeln mit Dip	48	740	●	●	●	●			●	
Fladenbrot-Pizza	50	605		●			●	●	●	
Pizza »Wie bei Muttern«	50	150		●	●				●	
Dinkelbrötchen	52	300	●	●		●	●	●		
Käsestangen	52	35	●	●				●	●	
Bratäpfel	56	270		●	●	●			●	
Früchte auf Joghurtcreme mit Vanilleeis	56	540		●				●	●	●
Birnenspalten mit Vanillesauce	58	385		●			●	●	●	●
Kirschpfannkuchen	58	455		●	●	●			●	
Schoko-Nuß-Creme als Brotaufstrich	60	715	●	●	●		●	●	●	
Bananenquark	60	375	●	●	●		●		●	
Datteln und Käse	60	510		●			●	●	●	●

Wegweiser

Vegetarische Ernährung ist keine Erfindung unserer Zeit. In allen Jahrhunderten haben wirtschaftliche, religiöse und ethische Gründe zum Verzicht auf Fleisch geführt.

Was ist vegetarische Ernährung?

Generell versteht man unter vegetarisch den Verzicht auf Fleisch. Akzeptiert man Eier (ovo), Milch (lacto) und ihre Produkte wie Käse, Quark etc. in der Ernährung, ist dies eine ovo-lacto-vegetarische. Eine strenge Form des Vegetarismus ist die vegane Ernährung. Sie schließt alle tierischen Lebensmittel aus. Eier, Milch, Honig und alles, in dem sie verarbeitet sind, gehören nicht zum veganen Speiseplan.

Warum vegetarisch?

Das gute und wirklich nützliche an der vegetarischen Ernährung ist ihre hohe Nährstoffdichte. Das bedeutet: Je mehr wertvolle Inhaltsstoffe, wie Vitamine und Mineralstoffe, ein Lebensmittel pro Kalorie enthält, desto nährstoffreicher ist es. Und da liegen Gemüse einsam an der Spitze. 50–60 % der täglichen Energiezufuhr sollten aus Kohlenhydraten stammen, maximal 30 % aus Eiweiß. Kohlenhydrate sind hauptsächlich in Gemüse, Obst, Getreide, Hülsenfrüchten, Reis und Nudeln enthalten. Unseren Eiweiß- und Fettbedarf decken wir täglich ohne Probleme. Nur wer sich vegan ernährt, muß auf eine ausreichende Versorgung achten.

Gemüse und Salate in Hülle und Fülle

Auch ohne Fleisch läßt sich der Speiseplan sehr abwechslungsreich gestalten.

Kleines Küchenlatein

Kochen und Garziehen
Kochen ist das Garen in reichlich siedender Flüssigkeit. Nach dem Ankochen wird die Temperatur gedrosselt, denn eine geringe Energiezufuhr reicht, um das Niveau zu halten. Grundsätzlich gilt, daß Garzeiten genau einzuhalten sind, damit möglichst viele Nährstoffe erhalten bleiben. Beim Garziehen darf das Wasser nicht sieden, sondern hat eine Temperatur von 80–95°. Garziehen ist etwas schonender als Kochen und ist z.B. für Klöße geeignet, die im sprudelnden Wasser zerfallen würden.

Dünsten
Diese Garmethode ist die beste für Gemüse, denn sie schont die wertvollen Inhaltsstoffe. Bei mittlerer Temperatur wird Fett zerlassen, das Gemüse darin angedünstet, etwas Flüssigkeit wie Wasser oder Brühe angegossen und der Topf

Es lohnt sich Qualität zu kaufen, denn hochwertige Töpfe leiten zum Beispiel Wärme sehr gut und helfen so, Energie zu sparen.

verschlossen. In dem heißen Dampf gart das Gemüse schonend im eigenen Saft.

Blanchieren
Um zarte Gemüse vorzugaren oder die übrigen für das Einfrieren vorzubereiten, blanchiert man sie. Dadurch werden Enzyme inaktiviert, die auch während des Einfrierens einen Vitaminabbau verursachen. Und so blanchieren Sie: 2 l Wasser sprudelnd zum Kochen bringen. Das geputzte Gemüse portionsweise 3–4 Min. ins Wasser geben. Portionsweise deshalb, damit das Wasser nicht aufhört zu kochen. Dann das Gemüse kurz mit sehr kaltem Wasser abschrecken, damit der Garvorgang beendet wird.

Braten
Genauer gesagt: Kurzbraten. Hitzebeständiges Fett wie Sonnenblumenöl stark erhitzen und dann das Gargut hineingeben. So schließen sich sofort die Poren, eine Kruste bildet sich. Möglichst mit Fett sparen und fettiges Gargut wie Kartoffelpuffer nach dem Braten auf Küchenkrepp abtropfen lassen.

Backen und Gratinieren
Die Zutaten werden in heißer Luft gegart. Es entsteht eine Kruste, die die Nährstoffe und das Aroma gut bewahrt. Beim Gratinieren sind es meistens vorgegarte Zutaten, die im Ofen mit Käse goldgelb überbacken werden.

Das »Handwerkszeug«

Mit dieser Grundausstattung geht das Kochen leicht von der Hand:
- je ein Kochtopf für ca. 1 1/2 l und 3–4 l
- Bratpfanne mit Deckel
- mittlere Auflaufform möglichst mit Deckel
- Rührschüssel
- elektrisches Handrührgerät, evtl. mit Pürierstab
- Gemüsereibe
- Kartoffelstampfer
- großes Sieb
- 2 Rührlöffel
- Gemüsemesser
- Kochmesser
- Sparschäler
- großes Schneidebrett
- Schneebesen
- Zitronenpresse
- Meßbecher
- Knoblauchpresse
- stabile Küchenschere

Gemüserohkost

● Sommer/Herbst
● Für Gäste

Pro Person ca. 500 g gemischtes Gemüse nach Belieben, z.B.:

Radieschen
Blumenkohl
Paprikaschoten
Staudensellerie
Chicorée
Champignons
Frühlingszwiebeln
Möhren
Kirschtomaten
Oliven, schwarze
oder grüne
5–6 Salatblätter

Zubereitungszeit: 20 Min.

Pro Portion ca.: 110 kcal
7 g EW/7 g F/15 g KH

1 Die Radieschen waschen, die Wurzeln abschneiden, aber die Blätter stehenlassen. Vom Blumenkohl die Blätter abschneiden, Kohl in Röschen teilen und waschen.

2 Die Paprikaschoten vierteln, Kerne und Trennwände entfernen, Paprika waschen und in Streifen schneiden. Vom Staudensellerie harte Teile abziehen, waschen und in Stäbchen schneiden.

3 Chicoréestaude im ganzen waschen, welke Blätter entfernen und die Staude entblättern. Die Champignons mit Küchenpapier abreiben, trockene Enden von den Stielen abschneiden. Je nach Größe Pilze halbieren oder vierteln.

4 Die Frühlingszwiebeln waschen, Wurzeln abschneiden, ebenso das obere welke Grün. Die Möhren mit einem Sparschäler schälen oder mit einer Bürste gründlich bürsten und in Stäbchen schneiden. Die Kirschtomaten waschen.

5 Die Salatblätter waschen und trockentupfen. Einen großen Teller mit den Salatblättern auslegen, und die Gemüsesorten sowie die Oliven darauf arrangieren. Mit Kräuter- und Remouladendip servieren.

TIP!

Rohkost läßt sich sehr gut vorbereiten. Das Gemüse waschen, putzen und im Frischhaltebeutel bis kurz vor dem Servieren im Kühlschrank aufbewahren. Dann in Stückchen schneiden und anrichten.

Kräuterdip

Für 6 Personen:

1 Bund Schnittlauch
1 Bund Petersilie
1 Bund Kerbel
50 g Butter
300 g Doppelrahm-frischkäse
3 EL Crème fraîche
Salz · Pfeffer
1 gestrichener TL Paprika, edelsüß
evtl. Milch

Zubereitungszeit: 15 Min.

Pro Portion ca.: 235 kcal
3 g EW/24 g F/3 g KH

1 Den Schnittlauch waschen und mit einem Messer oder einer Schere in feine Röllchen schneiden. Die Petersilie und Kerbel waschen, Blättchen abzupfen und fein hacken.

2 Die Butter cremig rühren, Frischkäse und Crème fraîche unterrühren und mit Salz, Pfeffer und Paprika abschmecken. Die Kräuter untermengen. Sollte der Kräuterdip zu dick sein, etwas Milch unterrühren. Den Dip in einem Schälchen zur Gemüserohkost reichen.

Remoulden-dip

Für 6 Personen:

2 saure Gurken
3–4 Sardellenfilets (Glas)
frische Kräuter (z.B. Schnittlauch, Petersilie)
1 kleines Glas Mayonnaise (250 g, 50 % Fett)
1 EL Kapern
1 TL Senf
Salz · Pfeffer

Zubereitungszeit: 15 Min.

Pro Portion ca.: 215 kcal
1 g EW/22 g F/3 g KH

1 Die Gurken und die Sardellenfilets fein hacken. Die Kräuter waschen und fein hacken.

2 Die Gurken, die Sardellen und die Kräuter mit der Mayonnaise, den Kapern und dem Senf gründlich verrühren und mit Salz und Pfeffer abschmecken. Den Dip in ein Schälchen füllen und zu den Gemüsesticks reichen.

Im Bild:
Gemüserohkost mit pikanten Dips

Italienisches Paprikagemüse

● Sommer/Herbst
● Schnell

Für 2 Personen:

250 g bunte
Paprikaschoten
250 g Tomaten
250 g Zwiebeln
1 EL Butter
(oder Margarine)
Salz · Pfeffer
1/2 TL Thymian
150 g saure Sahne

Zubereitungszeit: 25 Min.

Pro Portion ca.: 195 kcal
6 g EW/13 g F/14 g KH

1 Paprika vierteln, putzen, waschen und in Streifen schneiden. Die Tomaten mit kochendem Wasser überbrühen, häuten, Stielansätze entfernen und vierteln. Zwiebeln schälen, abspülen, in Ringe schneiden.

2 Butter in einem Topf schmelzen lassen, Paprika und Zwiebeln darin dünsten. Mit Salz, Pfeffer und Thymian würzen und 15 Min. bei geschlossenem Topf und wenig Hitze garen lassen. Tomatenviertel und saure Sahne zugeben und noch 5 Min. ziehen lassen. Mit Spaghetti servieren.

Wirsing mit Schafskäse

● Preiswert
● Schnell

Für 2 Personen:

500 g Wirsing
Salz
1 kleine Dose Tomaten
(400 g)
150 g milder Schafskäse
1 EL Butter
(oder Margarine)
Pfeffer · 1 Prise Zucker

Zubereitungszeit: 25 Min.

Pro Portion ca.: 295 kcal
22 g EW/17 g F/11 g KH

1 Wirsing putzen, waschen, vierteln. 1/2 l Salzwasser aufkochen, Wirsing darin 15 Min. blanchieren. Abtropfen und abkühlen lassen, dann in Streifen schneiden.

2 Tomaten abtropfen lassen, in Stücke schneiden. Schafskäse fein würfeln.

3 Butter erhitzen, Wirsing darin 3 Min. andünsten, Tomaten dazugeben, alles 10 Min. garen lassen. Mit Salz, Pfeffer und Zucker abschmecken. Auf vier Teller verteilen und mit Schafskäse bestreuen.

Gefüllte Paprikaschoten

● Sommer/Herbst
● Schnell

Dies ist das Rezept zum Titelbild.

Für 2 Personen:

2 rote Paprikaschoten
1 kleine Zwiebel
1 kleine Knoblauchzehe
1 große Tomate
1 Zucchino
50 g Hirse, Couscous
oder Grünkernschrot
1 TL Butter
(oder Margarine)
225 ml Gemüsebrühe,
Instant
125 g milder geriebener
Käse, z.B. Gouda
1 Ei
Salz · Pfeffer
1 Prise Oregano,
getrocknet

Zubereitungszeit: 25 Min.

Pro Portion ca.: 415 kcal
24 g EW/24 g F/27 g KH

1 Paprikaschoten längs halbieren, Stielansätze, Trennwände und Kerne entfernen und waschen. Zwiebel schälen, abspülen und fein würfeln. Den Knoblauch pellen. Die Tomate waschen, halbieren, den Stielansatz keilförmig herausschneiden, Tomate klein würfeln. Zucchino waschen, Stielansätze abschneiden und auf der Vierkantreibe grob raffeln.

2 Die Hirse in einem Sieb mit heißem Wasser waschen. In einem kleinen Topf die Butter heiß werden lassen. Zwiebel und durchgepreßten Knoblauch zusammen mit der Hirse anbräunen. Mit 100 ml Brühe auffüllen und mit wenig Hitze 10 Min. quellen lassen. Topf vom Herd nehmen, Zucchino und Tomate unterheben und die Masse etwas auskühlen lassen.

3 Den Käse und das Ei unter die Hirsemasse rühren, mit Salz, Pfeffer und Oregano abschmecken und die Paprikahälften damit füllen.

4 In einem Topf, in dem die 4 Paprikahälften Platz haben, die restliche Gemüsebrühe aufkochen. Vorsichtig die gefüllten Paprika hineinsetzen und etwa 35 Min. darin garen. Dazu schmeckt Baguette.

Im Bild vorne: Italienisches
Paprikagemüse
Im Bild hinten:
Wirsing mit Schafskäse

Blumenkohl mit Käsesauce

● Sommer/Herbst
● Schnell

Für 2 Personen:

1 Blumenkohl
1 Prise Salz
Für die Sauce:
1 Zwiebel
2 EL Butter
(oder Margarine)
30 g Mehl
1/4 l Milch
1/4 l Weißwein
150 g Schmelzkäse oder
125 g geriebener Emmen-
taler-, mittelalten Gouda-
oder Appenzeller Käse
Salz · Pfeffer
Muskatnuß

Zubereitungszeit: 30 Min.

Pro Portion ca.: 545 kcal
23 g EW/31 g F/26 g KH

1 Von dem Blumenkohl die Blätter und den harten Strunk ab- schneiden. Den rest- lichen Strunk kreuz- förmig einschneiden. Blumenkohl waschen und 10 Min. in Salz- wasser stehenlassen, um eventuelle Schnek- ken zu entfernen. 1/4 l Wasser mit Salz zum Kochen bringen, den Blumenkohl hinein- legen und aufkochen. Hitze drosseln und den Blumenkohl in etwa 20 Min. bißfest garen.

2 In der Zwischenzeit die Sauce zubereiten. Die Zwiebel pellen, abspülen und fein würfeln. Die Butter schmelzen lassen, die Zwiebel darin glasig dünsten. Mehl darüber stäuben und anschwit- zen lassen. Mit Milch und Weißwein unter ständigem Rühren mit einem Schneebesen ablöschen und dann aufkochen.

3 Bei milder Hitze den Käse unterrühren. Mit Salz, Pfeffer und Mus- kat würzen. Bei öfte- rem Umrühren noch einige Minuten ziehen lassen und eventuell nochmals abschmek- ken.

4 Mit einem Schöpf- löffel den Blumenkohl aus dem Kochwasser herausheben, abtropfen lassen und halbieren, auf zwei Teller vertei- len, mit frisch gemah- lener Mußkatnuß wür- zen und die Käsesauce darüber verteilen. Dazu Pellkartoffeln reichen.

Pastinaken- Möhren- Sauce

● Preiswert
● Gelingt leicht

Für 2 Personen:

2 Pastinaken (etwa 300 g)
2-3 Möhren (etwa 300 g)
1/4 l Gemüsebrühe, Instant
1/2 Bund Petersilie
100 g Sahne
1 TL Zitronensaft
Salz · Pfeffer

Zubereitungszeit: 20 Min.

Pro Portion ca.: 240 kcal
4 g EW/18 g F/14 g KH

1 Die Pastinaken waschen, schälen. Die Möhren in Wasser sauberbürsten oder schälen. Beides in Scheiben schneiden.

2 Gemüsebrühe erhit- zen, die Pastinaken- und Möhrenscheiben darin 10-15 Min. gar dünsten. In der Zwi- schenzeit die Petersilie waschen und fein hacken.

3 Pastinaken und Möhren mit der Gemü- sebrühe pürieren. Die Sahne in die Sauce rühren und mit Zitro- nensaft, Salz und Pfeffer würzen. Peter- silie unterheben. Diese Sauce schmeckt zu Pellkartoffeln.

Paprika- sahnesauce

● Preiswert
● Raffiniert

Für 2 Personen:

1 grüne Paprikaschote
2 rote Paprikaschoten
2 EL Olivenöl
1/4 l Gemüsebrühe, Instant
1 EL Sahne
1 EL Crème fraîche
Salz
Cayennepfeffer

Zubereitungszeit: 20 Min.

Pro Portion ca.: 175 kcal
3 g EW/13 g F/9 g KH

1 Paprikaschoten hal- bieren, putzen, waschen und in große Stücke schneiden.

2 In einem Topf das Öl erhitzen, Paprika darin 3 Min. andünsten, mit der Brühe auffüllen und bei geringer Hitze 15 Min. garen.

3 Paprika mit der Gemüsebrühe im Topf pürieren. Sahne und Crème fraîche unter die Sauce rühren. Mit Salz und Cayennepfeffer würzen. Die Sauce paßt gut zu Bratlingen.

Im Bild vorne: Blumenkohl
mit Käsesauce
In der Mitte: Pastinaken-
Möhren-Sauce
Im Bild hinten:
Paprikasahnesauce

Pastinaken-Hirse-Pfanne

● Sommer/Herbst
● Gelingt leicht

Für 2 Personen:

100 g Hirse
2 EL Olivenöl
1/2 l Gemüsebrühe, Instant
2 Zwiebeln
500 g Pastinaken
1/2 Bund Petersilie
Salz · Pfeffer
3 Eier
60 g frisch geriebener Käse

Zubereitungszeit: 20 Min.

Pro Portion ca.: 585 kcal
25 g EW/31 g F/48 g KH

1 Die Hirse in einem Sieb unter heißem Wasser gut waschen. 1 EL Öl in einem kleinen Topf erhitzen, die Hirse 3 Min. darin anbraten und mit der Gemüsebrühe angießen. Das Ganze aufkochen und dann bei geringer Hitze 10 Min. ausquellen lassen.

2 Die Zwiebeln pellen, abspülen und würfeln. Die Pastinaken waschen oder bürsten und mit einem Sparschäler schälen. Auf der Vierkantreibe grob raffeln. Petersilie waschen, Blättchen fein hacken.

3 Restliches Öl in einer Pfanne erhitzen. Darin die Zwiebeln und die Pastinaken in 5 Min. unter Rühren bißfest dünsten.

4 Hirse und Pastinaken in der Pfanne vermengen, mit Salz und Pfeffer würzen. Die Eier in einem Becher verquirlen und über das Gemüse geben. Käse und Petersilie darüber streuen und bei kleinster Hitze in der geschlossenen Pfanne stocken lassen.

TIP!

Es lohnt sich, die Pastinake kennenzulernen. Sie ist eine alte Gemüsesorte, die heute wieder auflebt. Roh in einen Salat geraspelt, schmeckt sie mandelähnlich.

Möhren-Couscous-Pfanne

● Sommer/Herbst
● Preiswert

Für 2 Personen:

250 g Möhren
3 Zwiebeln
80 g Coucous (oder Quinoa)
1 EL Olivenöl
1/4 l Gemüsebrühe, Instant
1 Prise Salz
Für die Sauce:
1 Bund Petersilie
1/8 l Gemüsebrühe, Instant
5 EL süße Sahne
1 gestrichenen TL Speisestärke
Salz
1 Prise Muskatnuß
1 TL Zitronensaft
1/2 Kästchen Kresse

Zubereitungszeit: 20 Min.

Pro Portion ca.: 310 kcal
7 g EW/12 g F/42 g KH

1 Möhren waschen, bürsten oder schälen und in Würfel schneiden. Zwiebeln pellen, abspülen, würfeln. Couscous in einem Sieb waschen und abtropfen lassen.

2 In einer Pfanne das Öl erhitzen und Möhren und Zwiebeln darin 3 Min. andünsten. Couscous dazugeben, Brühe angießen, salzen. Gemüse-Getreidemischung aufkochen, dann 15 Min. bei geringer Hitze quellen lassen.

3 Für die Sauce die Petersilie waschen und die Blättchen fein hacken. Die Brühe und die Sahne aufkochen. Die mit 1 EL kaltem Wasser angerührte Speisestärke einrühren, 1 Min. kochen lassen und mit Salz, Muskat und Zitronensaft würzen. Petersilie unter die Sauce rühren. Evtl. mit Muskat oder Zitronensaft nachwürzen.

4 Möhren-Couscous-Pfanne auf zwei Teller verteilen. Die Kresse mit der Küchenschere vom Kästchen schneiden und darüber streuen. Die Sauce dazu reichen. Dazu schmecken Pellkartoffeln.

Im Bild vorne: Möhren-
Couscous-Pfanne
Im Bild hinten:
Pastinaken-Hirse-Pfanne

Bunte Gemüsepfanne

● Raffiniert
● Gelingt leicht

Für 2 Personen:

1 kleine Aubergine
2–3 EL Olivenöl
je 1 rote und grüne Paprikaschote
1/2 Bund Petersilie
4 Eier
5 EL Milch
100 g Sahne-Schmelzkäse
Salz · Pfeffer
1/2 TL Oregano

Zubereitungszeit: 20 Min.

Pro Portion ca.: 480 kcal
25 g EW/38 g F/10 g KH

1 Aubergine waschen und den Stielansatz abschneiden. Aubergine in ca. 2 cm dicke Scheiben schneiden. Paprikaschoten halbieren, Stielansätze, Trennwände und Kerne entfernen, waschen, in Streifen schneiden. Petersilie waschen, Blättchen fein hacken.

2 Eier verquirlen, Milch und Schmelzkäse unterrühren, mit Salz, Pfeffer und Oregano pikant abschmecken.

3 In einer größeren Pfanne Öl erhitzen, die Auberginenscheiben darin 3 Min. andünsten, die Paprikastreifen dazugeben und 5 Min. bei geschlossenem Deckel dünsten lassen. Die Käse-Eier-Milch über das Gemüse geben und noch 5 Min. bei schwacher Hitze stocken lassen. Mit Petersilie bestreut servieren. Dazu schmeckt ein Baguette oder körniger Reis.

TIP!
Diese Gemüsepfannne kann auch in einem Wok zubereitet werden. Das Garen durch Pfannenrühren im Wok ist besonders vitaminschonend.

Gemüse-Chop-Suey

Der Phantasie ist bei diesem Klassiker aus China keine Grenzen gesetzt. Je nach Saison und Lieblingsgemüsen kann immer wieder neu gemischt werden.

● Raffiniert
● Gelingt leicht

Für 2 Personen:

1 Stange Lauch
3 Möhren
150 g Bambussprossen (Glas)
100 g Sojabohnenkeimlinge (Glas)
1 Stück frischer Ingwer (2–3 cm) oder 1/2 TL Ingwerpulver
2 EL Olivenöl
1 EL Sojasauce
2 EL trockener Sherry
1 TL Stärkemehl

Zubereitungszeit: 25 Min.

Pro Portion ca.: 185 kcal
8 g EW/9 g F/14 g KH

1 Vom Lauch die welken Teile entfernen, Dunkelgrunes und Wurzel abschneiden. Lauchstange längs aufschneiden, gründlich waschen und in sehr feine Streifen schneiden.

2 Die Möhren waschen, bürsten oder schälen, erst in Längsstreifen, dann in sehr feine Streifen (Julienne) schneiden. Bambussprossen abtropfen lassen und ebenfalls in feine Streifen schneiden. Die Sojabohnenkeimlinge abtropfen lassen. Frischen Ingwer schälen und klein würfeln.

3 In einer großen Pfanne das Öl erhitzen, den Lauch, die Möhren, die Bambussprossen und die Sojabohnenkeimlinge mit den Ingwerwürfeln unter ständigem Rühren 3 Min. darin anbraten.

4 Die Sojasauce, den Sherry und das Stärkemehl verrühren, mit Salz würzen, auf das Gemüse geben und vermengen. Den Deckel auf die Pfanne legen und alles 5 Min. gar ziehen lassen.

5 Fehlt am Chop Suey etwas Flüssigkeit, so nehmen Sie 1/8 l Instant-Hühnerbrühe und schmecken das Gemüse anschließend nochmals ab. Dazu gehört klassischer körniger Reis.

Im Bild vorne: Bunte Gemüsepfanne
Im Bild hinten: Gemüse-Chop-Suey

Niedersächsische Gurkensuppe

Sie werden staunen, was aus einer Gurke werden kann!

● Preiswert
● Raffiniert

Für 2 Personen:

1 Salatgurke
1 Bund Dill (ersatzweise 1 Päckchen tiefgekühlt)
1 kleine Zwiebel
2 gehäufte EL Butter (oder Margarine)
2 EL Mehl
1/2–3/4 l Gemüsebrühe, Instant
Salz · Pfeffer
1 Prise Zucker
1 Eigelb
150 g saure Sahne
3 Weißbrotscheiben
2 EL Olivenöl

Zubereitungszeit: 20 Min.

Pro Portion ca.: 565 kcal
9 g EW/40 g F/39 g KH

1 Die Gurke gründlich waschen oder mit einem Sparschäler schälen. Die Gurke längs vierteln und fein würfeln. Den Dill waschen, die zarten Zweige abzupfen und fein wiegen.

2 Die Zwiebel pellen, abspülen, fein würfeln. Die Butter in einem Topf erhitzen, Zwiebel darin andünsten, mit dem Mehl bestäuben und unter Rühren anschwitzen. Mit der Brühe auffüllen, Gurke zugeben, 3 Min. aufkochen lassen. Den Topf von der Kochplatte ziehen und mit geschlossenem Deckel 10 Min. ziehen lassen.

3 Mit Salz, Pfeffer und Zucker würzen. Das Eigelb mit der sauren Sahne verquirlen und die Suppe damit legieren. Zuletzt den Dill unterrühren. Evtl. die Suppe nochmals kurz erwärmen.

4 Für die Croûtons die Weißbrotscheiben würfeln, Olivenöl in einer Pfanne erhitzen und Brotwürfel darin unter Wenden knusprig braten. Suppe in Suppentassen füllen und mit Croûtons bestreut servieren.

> **TIP!**
> Für Knoblauchcroûtons 1–2 abgezogene, gewürfelte Knoblauchzehen mit den Brotwürfeln rösten.

Tomaten-Lauch-Suppe

● Raffiniert
● Gelingt leicht

Für 2 Personen:

1 große Stange Lauch
1 Stange Staudensellerie
1 Knoblauchzehe
1 Dose Tomaten (400 g)
1 Handvoll Basilikumblätter (ersatzweise 1 EL getrocknetes Basilikum)
2 EL Olivenöl
1/8 l Gemüsebrühe, Instant
1/8 l trockener Weißwein
1 TL Zitronensaft
Salz · Pfeffer
5 EL Sahne
einige Blätter Basilikum zum Garnieren

Zubereitungszeit: 30 Min.

Pro Portion ca.: 245 kcal
5 g EW/14 g F/13 g KH

1 Von der Lauchstange die welken Blätter abziehen. Dunkelgrüne Teile und Wurzel abschneiden. Nur das Helle und Mittelgrüne vom Lauch verwenden. Stange längs aufschneiden, gründlich waschen und in 2 cm dicke Stücke schneiden.

2 Stangensellerie von harten Teilen befreien und abziehen. Stange waschen und in 2 cm dicke Stücke schneiden. Knoblauch pellen und fein hacken. Tomaten etwas zerkleinern. Basilikum waschen und grob hacken.

3 In einem Topf Öl erhitzen. Lauch, Sellerie und Knoblauch bei milder Hitze ca. 8 Min. darin dünsten. Tomaten, Hühnerbrühe, Wein und Zitronensaft unterrühren, alles aufkochen und zugedeckt 20 Min. köcheln lassen.

4 Topf von der Kochplatte nehmen, mit Basilikum, Salz und Pfeffer würzen und die Suppe pürieren. Anschließend auf der Kochplatte noch 10 Min. köcheln lassen, dabei die Sahne einrühren. Mit Basilikumblättchen garniert servieren.

> **TIP!**
> Wer Fettkalorien einsparen möchte, kann die Sahne auch weglassen, dann schmeckt die Suppe umso fruchtiger.

Im Bild vorne: Niedersächsische Gurkensuppe
Im Bild hinten: Tomaten-Lauch-Suppe

Tomatensuppe

● Schnell
● Raffiniert

Für 2 Personen:

1 kleine Zwiebel
1 Knoblauchzehe
10 entsteinte schw. Oliven
1 kleiner Zucchino
2 EL Olivenöl
1 Packung passierte
Tomaten (800 g)
1/4 l Gemüsebrühe, Instant
Salz · Pfeffer · Zucker
Thymian · Oregano
5 EL Sahne

Zubereitungszeit: 25 Min.

Pro Portion ca.: 355 kcal
8 g EW/18 g F/48 g KH

1 Zwiebeln pellen, würfeln. Knoblauchzehe pellen, durchpressen. Oliven vierteln. Zucchino waschen, putzen, in Scheiben schneiden, vierteln.

2 1 EL Öl erhitzen, eine Zwiebel und Knoblauch andünsten. Tomaten und Brühe dazugeben, aufkochen lassen. Mit Salz, Pfeffer, Zucker, Thymian und Oregano abschmecken. Sahne einrühren.

3 Restliches Öl erhitzen, zweite Zwiebel andünsten, Oliven, Zucchino zugeben, kräftig anbraten.

4 Suppe auf Teller verteilen. Gemüse obenauf geben.

Chinesische Suppe

● Schnell
● Gelingt leicht

Für 2 Personen:

1 Bund Frühlingszwiebeln
125 g Sojabohnen-
keimlinge (Glas)
300 g chinesisches Pfan-
nengemüse (tiefgekühlt)
1 l Gemüsebrühe, Instant
1 EL Sojasauce
1/2 TL Sambal Oelek
Salz · Pfeffer

Zubereitungszeit: 10 Min.

Pro Portion ca.: 1080 kcal
54 g EW/44 g F/120 g KH

1 Frühlingszwiebeln waschen, putzen und in feine Ringe schneiden. Sojabohnenkeime auf einem Sieb abtropfen lassen, die Flüssigkeit auffangen und zu den restlichen Keimen im Glas zurückgeben.

2 Das Pfannengemüse nach Packungsanweisung anbraten. Die Brühe angießen und 10 Min. köcheln lassen. Die Frühlingszwiebeln und Sojabohnenkeime dazu geben, weitere 5 Min. köcheln lassen. Mit Sojasauce, Sambal Oelek, Salz und Pfeffer pikant abschmecken.

Lauchsalat

● Sommer/Herbst
● Gelingt leicht

Für 2 Personen:

2 Stangen Lauch
2 Scheiben Ananas
1 Apfel
1 Glas Selleriestreifen
1/2 Becher Crème fraîche
etwas Ananassaft
Salz · Pfeffer · Curry

Zubereitungszeit: 15 Min.

Pro Portion ca.: 210 kcal
4 g EW/16 g F/13 g KH

1 Lauch putzen, längs aufschneiden, waschen und in etwa 1 cm dicke Ringe schneiden. Die Ananas in Stücke schneiden.

2 Den Apfel vierteln, schälen, entkernen, in schmale Streifen schneiden. Den Sellerie abtropfen lassen. Lauch, Ananas, Sellerie und Apfel mischen.

3 Für die Marinade Creme fraiche mit dem Ananassaft glattrühren, mit Salz, Pfeffer und Curry würzen, über den Salat geben und 1 Std. durchziehen lassen.

Kürbissuppe

● Winter
● Raffiniert

Für 2 Personen:

250 g Kürbis (am besten
Hokkaido)
1 Stange Lauch
1 große, mehligkochende
Kartoffel
1 EL Sonnenblumenkerne
1/8 l Milch
Kräutersalz
Pfeffer
5 EL Sahne

Zubereitungszeit: 40 Min.

Pro Portion ca.: 195 kcal
7 g EW/10 g F/18 g KH

1 Den Kürbis in Spalten schneiden, mit einem Teelöffel entkernen, schälen und das Fruchtfleisch grob würfeln. Den Lauch von welken Blättern befreien, Wurzel und dunkelgrüne Teile entfernen. Lauchstange längs aufschneiden, gründlich waschen und in etwa 3 cm lange Stücke schneiden. Die Kartoffel schälen, waschen, grob würfeln.

2 In einem großen Topf Kürbis, Kartoffel und Lauch in knapp 1/8 l Wasser unter Rühren zum Kochen bringen. Die Hitze drosseln und unter gelegentlichem Umrühren 20 Min. köcheln lassen.

3 Inzwischen die Sonnenblumenkerne ohne Fett in einer trockenen Pfanne 3 Min. anrösten. Vorsicht, sie brennen schnell an und bräunen nach, auch wenn die Pfanne von der Herdplatte gezogen ist.

4 Die Suppe mit der Milch auffüllen und anschließend pürieren. Mit Kräutersalz und Pfeffer würzen, mit Sahne abschmecken und mit Sonnenblumenkernen bestreut servieren.
Heißes Knoblauchbrot schmeckt besonders gut dazu.

Im Bild von vorne nach hinten: Lauchsalat, Chinesische Suppe, Tomatensuppe, Kürbissuppe

Schichtsalat

🟢 Sommer/Herbst
🟡 Für Gäste

Für 10 Personen:

1 Kopf Eisbergsalat
1 kleines Glas Selleriestreifen
1 rote Paprikaschote
1 Gemüsezwiebel
1 Dose Kidney Bohnen (425 g)
300 g tiefgekühlte junge Erbsen
5 Eier
1 Glas Salatmayonnaise (50 %) 250 g
150 g Joghurt
150 g Crème fraîche
1 1/2 TL Zucker
100 g geriebener Gouda

Zubereitungszeit: 20 Min.

Pro Portion ca.: 340 kcal
11 g EW/26 g F/16 g KH

1 Den Eisbergsalat von welken Blättern befreien, vierteln, waschen, trockenschwenken und in Streifen schneiden. Sellerie in einem Sieb abtropfen lassen. Paprika vierteln, waschen, Trennhäute entfernen und in Streifen schneiden. Die Gemüsezwiebel pellen, abspülen, in feine Streifen schneiden. Die Kidney Bohnen in einem Sieb abspülen, abtropfen lassen. In eine große Salat-

schüssel nacheinander einschichten: Eisbergsalat, Sellerie, Paprika, Zwiebel, Kidney Bohnen und die gefrorenen Erbsen.

2 Die Eier anstechen. In einem Topf mit kaltem Wasser bedecken und bei geschlossenem Topf zum Kochen bringen. Kocht das Wasser, die Hitze drosseln, den Deckel abnehmen, und 7 Min. lang leicht kochen lassen. Mit kaltem Wasser die Eier abschrecken und 10 Min. auskühlen lassen, dann pellen und in Scheiben schneiden.

3 Mayonnaise mit Joghurt und Crème fraîche verrühren, auf die Erbsen geben und den Zucker darüber streuen. Die Eischeiben darauf legen und den Käse als letzte Schicht verteilen.

4 Die Schale mit Folie abdecken und mindestens einen Tag oder über Nacht kühl stellen. Kurz vor dem Verzehr die Zutaten vorsichtig vermengen und evtl. noch mit Zitronensaft nachwürzen.

Salat »Alles, was grün ist«

🟢 Sommer/Herbst
🟡 Für Gäste

Für 6–8 Personen:

300 g grüne Weintrauben
1 grüne Paprikaschote
1/4 Wassermelone
1 Zucchino
1 Salatgurke
1 Eisbergsalat
2–3 Stangen Staudensellerie
1 Bund Frühlingszwiebeln
6 EL Zitronensaft
2 EL Honig (oder 2 EL Zucker)
Pfeffer

Zubereitungszeit: 40 Min.

Bei 8 Portionen
pro Portion ca.: 75 kcal
2 g EW/1 g F/15 g KH

1 Die Weintrauben waschen, mit einem Küchentuch etwas trocknen, halbieren und entkernen. Die Paprika vierteln, putzen, waschen, in feine Streifen schneiden.

2 Aus der Melone das Fruchtfleisch herausschneiden, entkernen, in Streifen, dann in Würfel schneiden. Zucchino und Gurke waschen, vom Zucchino den Blütenansatz abschneiden und Zucchino und Gurke in etwa 1 cm dicke Scheiben schneiden, diese dann vierteln.

3 Den Eisbergsalat von welken Blättern befreien, vierteln, waschen, trocken schleudern und in größere Stücke schneiden.

4 Den Staudensellerie waschen und in schmale Streifen schneiden. Die Frühlingszwiebeln waschen, die welken Teile und Wurzeln abschneiden, Zwiebeln in Ringe schneiden. Trauben, Paprika, Gurke, Melone, Zucchino, Eisbergsalat, Sellerie und Zwiebeln vermengen.

5 Für die Marinade Zitronensaft mit dem Honig süß-sauer abschmecken, mit Pfeffer würzen und über die Zutaten geben. Einige Stunden durchziehen lassen, leicht vermengen und nochmals abschmecken.

Im Bild vorne: Salat »Alles, was grün ist«
Im Bild hinten: Schichtsalat

Kartoffeln, Reis und Nudeln sind viel mehr als nur Beilagen oder Sattmacher. Sie sind auch wertvolle Vitamin- und Mineralstofflieferanten.

Kartoffeln

Es gibt sie in verschiedenen Sorten. Festkochende Kartoffeln sind prima für Salate und zum Braten geeignet, da sie trotz vielen Rührens nicht zerfallen. Vorwiegend festkochende Sorten sind schon etwas mürber und gute Pell- und Folienkartoffeln. Die mehligkochenden Knollen sind die besten für Pürees, Suppen und Klöße. Um nicht alle Sorten kaufen zu müssen, sind die vorwiegend festkochenden ein guter Kompromiß.

Können Sie Pellkartoffeln kochen? Die Kartoffeln mit der Schale zu kochen, verhindert, daß sie unnötig Nährstoffe verlieren. Garen Sie möglichst gleichgroße Kartoffeln miteinander, damit sie auch zur gleichen Zeit fertig sind. Waschen Sie die Kartoffeln gründlich, setzen Sie sie mit 3 cm hohem Wasser auf und verschließen Sie den Topf. Die Kartoffeln müssen nicht mit Wasser bedeckt sein, um zu garen, der Wasserdampf genügt. Kocht das Wasser, Energie zurückschalten. Je nach Größe brauchen Pellkartoffeln 20–30 Min. Nach 20 Min. am besten mit einer Gabel oder einem Gemüsemesser die Stichprobe machen.

Kartoffeln, Reis und Nudeln

Pellkartoffeln nach dem Garen kalt abschrecken, dann löst sich die Schale mühelos.

Kartoffeln vom Vortag lassen sich am nächsten Tag zu Backkartoffeln weiterverarbeiten.

Backkartoffeln

Kartoffeln vierteln. 1 EL Öl in einer Pfanne erhitzen, die Viertel hineingeben, Pfanne einige Male hin und her rütteln. Hitze zurückschalten, Deckel auflegen und die Kartoffeln unter gelegentlichem Rütteln in 15–20 Min. braten. So werden die Kartoffeln schön kroß. Am Ende nach Belieben salzen, mit Käse bestreuen, diesen 5 Min. bei geschlossener Pfanne schmelzen oder Sauerrahm dazu reichen.

Nudeln

Am gängigsten sind bei uns wohl diese drei Sorten: Nudeln aus Hartweizengrieß, Wasser und Salz, nämlich die italienische Pasta; Nudeln aus Weich-, Hartweizen und Eiern, die sogenannten Eierteigwaren; und Vollkornnudeln. Alle sind eine perfekte Grundlage für schnelle Gerichte, denn ihre Garzeit liegt zwischen 8 bis 13 Min. Die genaue Garzeit entnehmen Sie bitte immer der Packungsanweisung. Nudeln immer in reichlich Wasser kochen und gelegentlich umrühren, damit sie nicht zusammenkleben. Das Wasser sprudelnd kochen lassen, deshalb nach dem Zugeben der Nudeln nicht mehr den Deckel auflegen, es kocht sonst leicht über.

Reis

Es gibt drei große Gruppen:
Rundkorn: Er wird sehr weich beim Kochen und meistens für Süßspeisen genommen.
Mittelkorn: Sein Korn ähnelt dem Rundkorn und ist besonders gut für Risotti geeignet.
Langkorn: Patna ist die bekannteste Sorte, doch es gibt auch andere, wie z.B. Basmati- oder Duftreis. Geschätzt wird Langkorn, weil er körnig und locker bleibt. Parboiled bezeichnet eine Behandlungsmethode für Reis. Mit heißem Wasserdampf wird der Reis vorgegart. Der weiße Parboiled Reis ist zusätzlich poliert und ist dadurch ballaststoff-, mineralstoff- und vitaminärmer.

Können Sie Reis kochen?

Hier gilt die Regel 1:3. Also den Reis in einem Sieb waschen, mit der dreifachen Menge Wasser aufsetzen und zum Kochen bringen. Hitze zurückschalten und bei geschlossenem Deckel Vollkornreis 30–40 Min. und polierten oder parboiled Reis 20 Min. quellen lassen.

Und so kochen Sie Milchreis

200 g Milchreis waschen, abtropfen lassen, mit 1 l Milch, etwas Zitronenschale, 1 Prise Salz und 1 TL Honig im geschlossenen Topf einmal aufkochen lassen. Bei halbgeschlossenem Deckel und schwacher Hitze 20 Min. garen und anschließend weitere 20 Min. ohne Hitzezufuhr quellen lassen. Reis mit Zimt, Zucker und Früchten genießen.

Auf einen Teil Reis kommen beim Kochen 3 Teile Wasser.

Kartoffelsalat zum Sattessen

● Preiswert
● Gelingt leicht

Für 2 Personen:

500 g festkochende Kartoffeln
1/2 Salatgurke
1 kleiner Apfel
1 Dose Mais
1 Zwiebel
3 EL Kräuteressig
je 1 TL Zucker und Salz
Pfeffer
2 hartgekochte Eier
1/2 Kästchen Kresse

Zubereitungszeit: 30 Min.

Pro Portion ca.: 750 kcal
25 g EW/12 g F/134 g KH

1 Die Kartoffeln waschen und ab-bürsten. Zu den Kartoffeln im Topf fingerhoch Wasser geben und Kartoffeln zugedeckt ca. 20 Min. kochen. Mit kaltem Wasser abschrecken, pellen und auskühlen lassen.

2 Salatgurke waschen, schälen und würfeln. Apfel waschen, vierteln, entkernen und würfeln. Mais auf einem Sieb abtropfen lassen. Kartoffeln in Scheiben schneiden und mit Gurke, Apfel und Mais in einer Schale mischen.

3 Die Zwiebel pellen, abspülen, halbieren und würfeln. Essig, 3 EL Wasser, Zucker, Salz, Pfeffer und Zwiebelwürfel 5 Min. aufkochen. Heiß über die Salatzutaten gießen und Salat abgedeckt etwa 2 Std. durch-ziehen lassen.

4 Die Eier pellen, achteln. Die Kresse mit der Küchenschere abschneiden. Beides auf dem Salat anrichten.

VARIANTE

Wer Kartoffelsalat mit Mayonnaise zubereiten möchte, hebt etwa 3 EL Salatmayonnaise vor der Garnierung unter.

Berner Rösti

● Schnell
● Gelingt leicht

Für 2 Personen:

2 große Pellkartoffeln (vom Vortag)
1 Zwiebel
1 EL Butter (oder Margarine)
2 EL neutrales Öl
Salz
1 Stengel Petersilie

Zubereitungszeit: 20 Min.

Pro Portion ca.: 170 kcal
2 g EW/12 g F/13 g KH

1 Die Pellkartoffeln grob raffeln. Die Zwie-bel pellen, abspülen, fein würfeln.

2 In einer Pfanne die Butter und 1 EL Öl erhitzen. Die Zwiebel darin etwas andünsten, die Kartoffeln dazu-geben, salzen und bei Mittelhitze 3 Min. anbraten.

3 Den Deckel auf die Pfanne setzen und Kartoffeln bei wenig Hitze heiß werden lassen. Nach etwa 15 Min. die Kartoffeln in der Pfanne etwas andrücken und in 5 Min. auf der Unter-seite goldbraun werden lassen.

4 Mit Schwung die Pfanne stürzen, so daß die Röstis auf dem Deckel liegen. In die Pfanne 1 EL Öl geben, die Röstis in die Pfanne zurückgleiten lassen und noch 5 Min. mit Deckel bräunen.

5 Die Berner Rösti auf eine Platte gleiten lassen, mit Petersilie garnieren und mit einem Salat servieren.

VARIANTE

Wenn Sie unter die ange-bratenen Kartoffeln in den letzten 5 Min. gewürfelten Schweizer Käse geben, werden es Käserösti. Zu Käserösti schmecken Spiegeleier und Salat.

Im Bild vorne: Kartoffel-salat zum Sattessen
Im Bild hinten: Berner Rösti

Kartoffelpuffer oder Reibekuchen

● Preiswert
● Gelingt leicht

Für 2 Personen:

1,5 kg Kartoffeln
2 Zwiebeln
2 Eier
2 EL Mehl
Salz · Pfeffer
neutrales Öl zum Braten

Zubereitungszeit: 45 Min.

Pro Portion ca.: 685 kcal
20 g EW/22 g F/98 g KH

1 Kartoffeln waschen, mit dem Sparschäler schälen und fein reiben. Die entstandene Flüssigkeit abgießen. Zwiebeln pellen, abspülen, fein würfeln.

2 Kartoffeln mit den Eiern, Zwiebeln, Mehl, Salz und Pfeffer zu einem glatten Teig verrühren. Den Teig 10 Min. stehenlassen.

3 In einer Pfanne bei Mittelhitze 1–2 EL Öl erhitzen. Je Kartoffelpuffer 1–2 EL Teig in die Pfanne geben und glattstreichen – Vorsicht, das Öl könnte spritzen. Jede Seite in etwa 4 Min. knusprig braun braten. Auf diese Weise den Teig verarbeiten.

4 Fertige Reibekuchen auf ein Küchentuch legen, damit das überschüssige Fett abtropft. Dazu schmeckt Apfelmus oder Blaubeerkompott.

VARIANTEN

Kartoffel-Apfel-Puffer:
Teig aus 1 kg Kartoffeln, 250 g mürben Äpfeln, 2 Eiern, 2 EL Stärkemehl, Muskatnuß und 1 TL Salz.
Kartoffel-Gemüse-Puffer:
Teig aus 1 kg Kartoffeln, 1 geraspelten Zucchino, 2 geraspelten Möhren, 2 Eiern, 2 EL Stärkemehl, Muskatnuß, 1 TL Salz

Zucchini-Kartoffel-Topf

● Sommer/Herbst
● Raffiniert

Für 2 Personen:

300 g mittelgroße Zucchini
600 g Kartoffeln
2 Zwiebeln
1 EL Butter
200 ml Milch
100 g Sahne
Salz
Muskatnuß
50 g frisch geriebener Käse (z.B. Edamer)

Zubereitungszeit: 30 Min.

Pro Portion ca.: 545 kcal
18 g EW/31 g F/49 g KH

1 Die Zucchini waschen, Blütenansatz abschneiden. Zucchini in feine Scheiben schneiden. Die Kartoffeln schälen, waschen, grob raffeln. Die Zwiebeln pellen, abspülen, würfeln.

2 In einer Pfanne die Butter erhitzen, die Zwiebeln darin dunsten. Die Zucchini und Kartoffeln dazugeben und 2 Min. mitdünsten. Die Milch und Sahne miteinander vermengen, mit Salz und Muskatnuß würzen und mit dem Käse unter die Zucchini und Kartoffeln rühren. Deckel auflegen und bei schwacher Hitze etwa 15 Min. köcheln lassen. Gleich auf Teller verteilen. Dazu paßt Tomatensauce.

VARIANTE

Verwenden Sie statt Zucchini die gleiche Menge Kürbis. Man rechnet bei Kürbis mit 1/4 Abfall. Also müssen Sie ca. 400 g Kürbis einkaufen.

Im Bild vorne:
Kartoffelpuffer
Im Bild hinten: **Zucchini-Kartoffel-Topf**

Sesamnudeln mit Zuckerschoten

● Sommer/Herbst
● Raffiniert

Für 2 Personen:

250 g Zuckerschoten
2 Frühlingszwiebeln
2 Tomaten
1 EL ungeschälte Sesamsamen
1 Prise Cayennepfeffer
250 g Spaghetti
100 g Erbsen
2 EL Sojasauce
2 EL Aceto Balsamico
Salz · Pfeffer
3 EL Sonnenblumenöl
1 EL Koriandergrün oder Petersilie
50 g frisch geriebener Parmesan oder Pecorino

Zubereitungszeit: 30 Min.

Pro Portion ca.: 830 kcal
59 g EW/27 g F/168 g KH

1 Zuckerschoten waschen und in etwa 1 cm große Rauten schneiden. Die Frühlingszwiebeln waschen, welkes Grün und Wurzeln entfernen und Zwiebeln in dünne Ringe schneiden.

2 Tomaten überbrühen, enthäuten, Stielansätze entfernen. Tomaten vierteln, entkernen und würfeln.

3 In einer Pfanne ohne Fett den Sesamsamen rösten, bis er zu duften beginnt. Dabei die Pfanne des öfteren hin- und herrütteln, denn die Samen werden schnell zu dunkel. Mit Cayennepfeffer würzen.

4 Die Spaghetti nach Packungsanweisung garen. Erbsen und die Zuckerschoten 2 Min. vor dem Ende der Garzeit zu den Spaghetti geben. Alles zusammen in ein Sieb abgießen und abtropfen lassen.

5 Die Sojasauce, den Aceto Balsamico, Salz, Pfeffer und Öl verrühren. Anschließend mit den heißen Nudeln, Erbsen und Zuckerschoten, den Frühlingszwiebeln, Tomaten und dem Koriandergrün vermischen. Mit Sesam und dem Käse bestreut servieren. Dazu paßt ein gemischter Salat.

Nudeln mit pikanter Käsesauce

● Schnell
● Gelingt leicht

Für 2 Personen:

250 g Nudeln, z.B. Spiralen
2 Zwiebeln
2 EL Öl
80 g Mehl
200 ml trockener Weißwein
400 ml Gemüsebrühe, instant
400 ml Milch
120 g Blauschimmelkäse (z.B. Gorgonzola)
1/2 Bund Schnittlauch
1/2 Bund Petersilie
Salz · Pfeffer
2 TL Paprika, edelsüß

Zubereitungszeit: 20 Min.

Pro Portion ca.: 1125 kcal
41 g EW/37 g F/141 g KH

1 Die Nudeln nach Packungsanweisung bißfest garen.

2 Inzwischen die Zwiebeln pellen, abspülen, würfeln. In einem Topf das Öl erhitzen, die Zwiebeln darin glasig dünsten. Das Mehl darüber stäuben und gut verrühren. Mit dem Wein unter ständigem Rühren ablöschen, die Brühe und Milch unterrühren, alles aufkochen und 10 Min. weiter köcheln lassen.

3 Den Blauschimmelkäse mit einer Gabel zerdrücken und in der Sauce heiß werden lassen. Den Schnittlauch und die Petersilie waschen. Schnittlauch in Röllchen schneiden. Von der Petersilie die Blättchen abzupfen und fein hacken.

4 Die Sauce mit Salz, Pfeffer und Paprika würzen und die Kräuter unterrühren. Sauce zu den Nudeln reichen. Als Vorspeise paßt ein Salat und ein Glas Weißwein.

> **TIP!**
> Mit einer Küchenschere läßt sich Schnittlauch ganz einfach in Röllchen schneiden.

Im Bild vorne: Nudeln mit pikanter Käsesauce
Im Bild hinten: Sesamnudeln mit Zuckerschoten

Käsespätzle

● Winter
● Schnell

Für 2 Personen:

250 g Spätzle
125 g Champignons
1 mittelgroße Zwiebel
1 EL Sonnenblumenöl
2 Eier
60 g frisch geriebener
Käse (z.B. mittlerer Gouda
oder Emmentaler)
1/8 l Buttermilch
Salz
Muskatnuß

Zubereitungszeit: 25 Min.

Pro Portion ca.: 685 kcal
33 g EW/23 g F/90 g KH

1 Spätzle nach
Packungsanweisung
bißfest garen.

2 Champignons
putzen, evtl. dunkle
Teile wegschneiden,
trockenes Stielende
abschneiden. Sind sie
schneeweiß und sauber,
nur mit einem Küchen-
papier abtupfen.
Die Pilze in Scheiben
schneiden. Die Zwiebel
pellen, abspülen,
halbieren und in
Scheiben schneiden.

3 In einer Pfanne das
Öl erhitzen, Zwiebel
darin andünsten,
Champignons dazu-
geben und solange
weiterdünsten, bis die
Flüssigkeit verdampft

ist. Nudeln und Pilze in
der Pfanne vermengen.

4 Eier, Käse und
Buttermilch verquirlen,
mit Salz und Muskat-
nuß würzen und über
die Pilz-Nudeln geben.
Unter gelegentlichem
Rühren die Eier-Käse-
Milch etwa 8 Min.
stocken lassen. Nach
Belieben mit Schnitt-
lauch bestreuen.
Dazu paßt sehr gut ein
gemischter Salat und
ein Glas Weißwein.

VARIANTE

Gegarte Nudeln, Pilze und
Käse vermengen und in eine
gefettete Auflaufform
geben, mit Eier-Buttermilch
übergießen, mit 1 EL
Semmelbrösel bestreuen,
mit Butterflöckchen belegen
und 30 Min. im Backofen
bei 225°(Mitte Umluft 190°)
überbacken.

Gemüse-Paella

● Sommer/Herbst
● Gelingt leicht

Für 2 Personen:

1 Möhre
1 Zucchino
je 1 kleine grüne
und rote Paprikaschote
1/2 Stange Lauch
1 Zwiebel
1 Knoblauchzehe
2 Tomaten
2 EL Olivenöl
Salz · Pfeffer
1 TL Currypulver
150 g Naturreis oder
Langkornreis vom Vortag

Zubereitungszeit: 30 Min.
Garzeit: 35 Min.

Pro Portion ca.: 215 kcal
5 g EW/9 g F/29 g KH

1 Die Möhre bürsten,
waschen und in
Scheiben schneiden.
Den Zucchino waschen,
Blütenansatz entfer-
nen, Zucchino in
Scheiben schneiden,
diese vierteln.

2 Die Paprikaschoten
vierteln, Kerne und
Trennwände entfernen,
waschen und in breite
Streifen schneiden.
Von dem Lauch die
dunkelgrünen Teile
und Wurzel abschnei-
den, längs aufschnei-
den, gründlich waschen
und in Ringe schneiden.

3 Die Zwiebel pellen,
abspülen, in Ringe

schneiden. Knoblauch
pellen. Die Tomaten mit
heißem Wasser kurz
überbrühen, enthäuten,
Stielansätze entfernen.
Die Tomaten vierteln.

4 In einer Pfanne das
Olivenöl erhitzen und
Möhre, Zucchino,
Lauch, Paprika und
Zwiebel darin 10 Min.
dünsten. Mit Salz,
Pfeffer und Curry
würzen. Den Knoblauch
durchpressen, mit den
Tomaten dazugeben
und gut untermengen.
Den Reis unterrühren
und alles zugedeckt bei
geringer Wärmezufuhr
6-8 Min. durchziehen
lassen. Dazu schmeckt
ein gemischter Salat.

Im Bild vorne:
Gemüse-Paella
Im Bild hinten: Käsespätzle

Hülsenfrüchte sind eine wertvolle Eiweißquelle. Sie versorgen uns mit Ballast- und Mineralstoffen sowie B-Vitaminen. Und sie können mehr als Eintopf werden.

Je nach Alter der Hülsenfrüchte kann die Garzeit zwischen 1–2 Std. liegen. Haben Sie es einmal besonders eilig, können Sie auf vorgegarte Bohnen aus der Dose zurückgreifen.

Hülsenfrüchte und Getreide

Erbsen und Bohnen

Erbsen gibt es grün und gelb, diese geschält und ungeschält. Bohnen bieten eine große Auswahl an Sorten: weiße, grüne, rote, schwarze, braun gefleckte, Wachtelbohnen, Azuki-, Kidney- und Mungobohnen. Wichtig ist es, sowohl getrocknete Erbsen als auch Bohnen in der drei- bis vierfachen Menge kaltem Wasser einzuweichen, am besten über Nacht, aber wenigstens 5 Stunden. Dann mit dem Einweichwasser kochen.

Linsen

Bei Linsen gilt, je kleiner desto aromatischer, denn die Schale bringt das Aroma und diese hat bei kleinen Linsen einen größeren Anteil. Linsen ohne Einweichen mit der drei- bis vierfachen Menge Wasser aufsetzen, zum Kochen bringen und dann unter schwacher Hitze in 1 bis 1 1/2 Std. garen. Schneller geht es mit roten Linsen. Mit Kräutern und Gewürzen kochen Sie schon in 20 Min. eine Linsensuppe.

(1) Berglinsen, (2) grüne Linsen, (3) rote Linsen, (4) Hirse,
(5) Couscous, (6) Mungobohnen, (7) Schwarzaugenbohnen,
(8) Kidneybohnen, (9) Azukibohnen

Sojabohnen

Sie haben eine Sonderstellung unter den Hülsenfrüchten, denn aus ihnen lassen sich so verschiedene Produkte herstellen wie: Mehl, Grieß, Öl, Würzpasten, Saucen, Milch und Tofu. Tofu, auch Soja- oder Bohnenquark genannt, wird aus der Sojamilch hergestellt. Ihr wird ähnlich wie bei der Käseherstellung ein Gerinnungsmittel zugesetzt, traditionell ein Meersalzextrakt, und aus dem ausgeflockten Eiweiß der Tofu gepresst. Er ist neutral im Geschmack und muß deshalb gut gewürzt werden, je nach Verwendung süß oder herzhaft. Fertig gewürzten Tofu gibt es auch im Handel.

Couscous, Hirse, Quinoa – die Kurzgarer

Couscous ist eigentlich keine spezielle Getreidesorte, sondern der grobkörnige Grieß des Durum-Weizen. In Nordafrika versteht man unter Couscous aber oft auch Hirse. Bei uns wird Hirse als geschältes Korn angeboten. Deshalb hat sie auch nur eine Garzeit von 8–10 Min. Sie verdoppelt dabei ihr Volumen, also einen ausreichend großen Topf und die drei- bis vierfache Menge Wasser nehmen.
Quinoa (auch Reismelde genannt) stammt ursprünglich aus Südamerika, wird heute ebenso in den USA und China angebaut. Es wird wegen seiner vielen wertvollen Nährstoffe sehr geschätzt. Quinoa ist eigentlich wie Buchweizen kein Getreide, wird aber oft so in der Küche eingesetzt, denn Quinoa ist eine Abwechslung zu Reis und in 15 Min. fertig gekocht.

Würzen mit Kräutern

Es muß nicht immer Salz sein. Mit Kräutern zu würzen ist sehr abwechslungsreich und sie bringen auch noch Vitamine mit. Kräuter deshalb schonend behandeln und erst am Ende der Zubereitung zu einer Mahlzeit hinzufügen. Das erhält nicht nur ihren typischen Geschmack sondern auch die Nährstoffe.

Kräuter auf der Fensterbank

Praktischerweise können Sie viele Kräuter in Töpfchen kaufen und sie so immer frisch ernten. Auf der Fensterbank überstehen sie auch den Winter. Geduldige Menschen können Kräuter auch selber ziehen. Bei Petersilie und Schnittlauch kann man nach einigen Wochen schon ernten. Basilikum z.B. braucht dagegen mehrere Monate bis zur ersten Ernte.
Kaufen Sie Kräuter als Bund, können Sie diese im Frischhaltebeutel im Gemüsefach Ihres Kühlschranks etwa eine Woche aufbewahren. In ein Wasserglas gestellt, werden Kräuter schnell welk und gelb.

(1) Oregano, (2) Kapuzinerkresse, (3) Rosmarin, (4) Salbei, (5) Borretschblüten,
(6) rotes Basilikum, (7) Basilikum, (8) Zitronenmelisse, (9) Minze

»Wunderlinsen-Eintopf«

● Preiswert
● Gelingt leicht

Für 2 Personen:

200 g rote Linsen
900 ml Gemüsebrühe, Instant
3 mehligkochende Kartoffeln
1 kleiner Zucchino
1 Bund Petersilie
1/2 TL Curry
1 Prise Muskatnuß
1 TL Zitronensaft
1 Prise Kräutersalz

Zubereitungszeit: 20 Min.

Pro Portion ca.: 500 kcal
27 g EW/6 g F/81 g KH

1 Die Linsen in einem Sieb gut waschen, abtropfen lassen und in einem Topf mit der Brühe zum Kochen bringen. Unter Rühren etwa 15 Min. köcheln lassen.

2 Inzwischen Kartoffeln schälen, waschen. Zucchino vom Blütenansatz befreien und mit den Kartoffeln grob raffeln. Beides zu den Linsen geben und noch 5 Min. mitköcheln lassen.

3 Die Petersilie waschen, Blättchen abzupfen und fein hakken. Die Suppe mit Curry, Muskat, Zitronensaft und Kräutersalz würzen.

Mit Petersilie bestreut servieren.
Dazu paßt gut ein Knoblauchbaguette.

TIP!

Rote Linsen sind Wandlungskünstler und harmonieren auch sehr gut mit Knoblauch, Zwiebeln, Tomaten, Mais, frischen Kräutern oder Kokosnußcreme.

Rote Linsen Salat

● Raffiniert
● Für Gäste

Für 2 Personen:

80 g rote Linsen
1/2 Dose Mais (140 g)
2 Frühlingszwiebeln
1 Tomate
1 EL Apfelessig
Salz · Pfeffer
1 EL Olivenöl

Zubereitungszeit: 25 Min.

Pro Portion ca.: 400 kcal
16 g EW/7 g F/68 g KH

1 Die Linsen in einem Sieb gründlich waschen. In einem Topf etwa 400 ml Wasser zum Kochen bringen und die Linsen 10-15 Min. bei geringer Hitze köcheln lassen. (Die Linsen nicht zu weich kochen, sie zerfallen leicht.)

2 Inzwischen den Mais abtropfen lassen. Die Frühlingszwiebeln waschen, welkes Grün und Wurzeln entfernen, Zwiebeln in feine Ringe schneiden. Die Tomate waschen, Stielansatz entfernen, Tomate in kleine Würfel schneiden.

3 Linsen kalt abschrecken, mit den Zwiebeln, Mais und Tomatenwürfeln mischen.

Für die Marinade Essig, Salz und Pfeffer verrühren, Öl unterschlagen. Unter den Salat mischen. Dazu schmeckt gut frisches Fladenbrot.

Im Bild vorne:
Wunderlinsen-Eintopf
Im Bild hinten:
Rote Linsen Salat

Tofu mit Früchten

● Sommer/Herbst
● Raffiniert

Für 2 Personen:

1/2 Würfel Gemüsebrühe, Instant
200 g Naturreis
1 Zwiebel
250 g Tofu
125 g blaue und grüne Weintrauben
1 Apfel (oder 1 Birne)
1/2 Banane
1 EL Öl
1 TL Mehl
1/8 l Weißwein (oder Apfelsaft)
1 EL Korinthen
1 EL Sonnenblumenkerne (oder Pinienkerne)
1 TL Sojasauce
100 g Sahne

Zubereitungszeit: 35 Min.

Pro Portion ca.: 850 kcal
23 g EW/32 g F/111 g KH

1 1 l Wasser mit dem Gemüsebrühwürfel zum Kochen bringen. Den gewaschenen Naturreis hineingeben und bei schwacher Hitze 35 Min. quellen lassen. Dann in einem Sieb abtropfen lassen.

2 Inzwischen die Zwiebel pellen, abspülen, würfeln. Den Tofu in etwa 1 cm dicke Würfel schneiden. Die Trauben waschen, halbieren und entkernen. Den Apfel waschen, vierteln,

entkernen und würfeln. Die Banane schälen und würfeln.

3 In einer Pfanne das Öl erhitzen, die Zwiebeln darin andünsten. Tofu hinzufügen, ca. 3 Min. mitdünsten, mit Mehl bestäuben und mit dem Wein ablöschen. 3 Min. köcheln lassen. Weintrauben, Apfel, Banane, Korinthen und Sonnenblumenkerne unterheben und mit Sojasauce und Sahne abschmecken. Den Reis entweder unter das Früchtetofu heben oder dazu reichen. Ein gemischter Salat rundet das Essen ab.

Grünkernbratlinge

● Schnell
● Gelingt leicht

Ergibt 6–8 Bratlinge:

1 Würfel Gemüsebrühe
2 Lorbeerblätter
250 g mittelfein geschroteter Grünkern
1 Knoblauchzehe
2 Eier
1 TL Senf
Pfeffer
1/2 TL Paprika, edelsüß
1 EL gehackte Petersilie
1 TL Majoran
1/4 TL Salz
1 EL Sojasauce
Sonnenblumenöl oder Kokosfett zum Braten

Zubereitungszeit: 15 Min.
Quellzeit: 20 Min.

Bei 8 Stück pro Stück ca.:
135 kcal
6 g EW/4 g F/20 g KH

1 In einem Topf 1/2 l Wasser mit dem Gemüsebrühwürfel und den Lorbeerblättern aufkochen. Grünkernschrot hineingeben und 20 Min. bei geringer Wärmezufuhr quellen lassen. Ab und zu umrühren, sonst klebt der Grünkernschrot am Boden des Topfes. Lorbeerblätter entfernen und Grünkern auskühlen lassen.

2 Den Knoblauch pellen, durchpressen und mit den Eiern,

Senf, Pfeffer, Paprika, Petersilie, Majoran, Salz und Sojasauce unter den Grünkern kneten. Sollte der Teig kleben, Semmelbrösel untermengen.

3 Mit nassen Händen 6–8 Bratlinge formen. In einer Pfanne Öl erhitzen und bei mittlerer Hitze die Bratlinge auf jeder Seite 5 Min. braun braten. Dazu passen z.B.: Käse-, Petersilien-, Paprika- oder Pastinaken-Möhren-Sauce aus diesem Buch und als Beilage Pellkartoffeln.

TIP!
Restliche Frikadellen quer halbieren, mit Ananas oder Tomate und Käse belegen und im Backofen überbacken.

Im Bild vorne:
Grünkernbratlinge
Im Bild hinten:
Tofu mit Früchten

Tofubratlinge

● Schnell
● Raffiniert

Ergibt etwa 8 Bratlinge:

250 g Tofu
1 Zwiebel
1 paar Stengel Petersilie
1 Knoblauchzehe
1 Stange Lauch
1/4 TL Salz
Pfeffer
1 EL Sojasauce
1 EL frisch geriebener
Hartkäse (z.B. Parmesan)
2 Eier
100 g Semmelbrösel
40 g Kokosfett zum
Ausbraten

Zubereitungszeit: 20 Min.

Pro Stück ca.: 145 kcal
7 g EW/9 g F/11 g KH

1 Den Tofu mit einer
Gabel fein zerdrücken.
Die Zwiebel pellen,
abspülen und fein
würfeln. Petersilie
waschen, Blättchen
abzupfen und hacken.
Den Knoblauch pellen
und durchpressen
Von dem Lauch nur
den weißen Teil in feine
Ringe schneiden und
waschen.

2 Tofu, Zwiebel,
Petersilie, Knoblauch,
Salz, Pfeffer, Sojasauce,
Käse, Eier, Semmel-
brösel und zuletzt den
Lauch verkneten.
Wenn die Masse gut
bindet, mit feuchten

Händen etwa 8 Brat-
linge formen.

3 In einer Pfanne
Kokosfett erhitzen und
bei mittlerer Hitze die
Bratlinge auf jeder
Seite etwa 5 Min.
braun braten. Dazu
paßt die Paprikasahne-
sauce auf S. 10.

TIP!

Zwischen einem Voll-
kornbrötchen mit Salat,
Gurke, Tomate und
Ketchup wird der
Bratling zum Burger.

Gemüse-Quinoa-Pfanne

● Sommer/Herbst
● Gelingt leicht

Für 2 Personen:

1 Stange Lauch
1 rote Paprikaschote
2 Möhren
1 Zwiebel
100 g Quinoa
1 EL Butter
100 g tiefgekühlte Erbsen
150 ml Gemüsebrühe,
Instant
2 Zweige Zitronenmelisse
1 EL gehackte Petersilie
1 Ei
60 g frisch geriebener
Gouda
Salz · Pfeffer

Zubereitungszeit: 15 Min.
Garzeit: 25 Min.

Pro Portion ca.: 465 kcal
23 g EW/20 g F/48 g KH

1 Von dem Lauch die
welken Blättern ab-
ziehen, dunkelgrüne
Teile und die Wurzel
abschneiden. Lauch
längs aufschneiden,
gründlich waschen
und in Ringe schneiden
Die Paprikaschote
vierteln, Trennwände
und Kerne entfernen,
waschen und in
Streifen schneiden.

2 Die Möhren sauber
bürsten, waschen und
in Scheiben schneiden.
Die Zwiebel pellen,
abspülen, grob würfeln.
Quinoa in einem Sieb
waschen.

3 In einer Pfanne
die Butter erhitzen,
Zwiebel darin an-
dünsten, Lauch, Paprika
und Möhren hinzu-
fügen und 5 Min. mit-
dünsten. Die Erbsen
und Quinoa unterrüh-
ren. Mit der Brühe
auffüllen und 20 Min.
köcheln lassen.

4 Zitronenmelisse
waschen, die Blättchen
abzupfen und fein
hacken. Petersilie,
Melisse, das Ei, den
Käse, Salz und Pfeffer
verquirlen und über
das Gemüse geben.
Bei geschlossener
Pfanne 5 Min. stocken
lassen. Dazu paßt ein
gemischter Salat.

**Im Bild vorne:
Tofubratlinge
Im Bild hinten: Gemüse-
Quinoa-Pfanne**

Weiße Bohnen in Tomatensauce

● Sommer/Herbst
● Raffiniert

Für 2 Personen:

1 kleine Dose weiße Bohnen (425 g)
1 Zwiebel
1 Knoblauchzehe
500 g Tomaten (oder aus der Dose 425 g)
1 EL Olivenöl
1 Lorbeerblatt
1/2 TL Oregano
1/2 TL Thymian
1/2 TL Zucker
Salz · Pfeffer
1/2 Bund Petersilie
60 g frisch geriebener Parmesankäse

Zubereitungszeit: 15 Min.
Garzeit: 30 Min.

Pro Portion ca.: 285 kcal
19 g EW/13 g F/24 g KH

1 Bohnen in einem Sieb abspülen und abtropfen lassen.

2 Für die Tomatensauce die Zwiebel pellen, abspülen und fein würfeln. Die Knoblauchzehe pellen und hacken. Die Tomaten kreuzweise einschneiden, mit heißem Wasser überbrühen, häuten, Stielansätze entfernen und Tomaten grob würfeln.

3 In einem Topf Öl erhitzen und die Zwiebel darin andünsten. Sobald sie hellgelb ist, die Tomaten 3 Min. mitdünsten. Tomaten zerdrücken, hinzufügen. Knoblauch, Lorbeerblatt, Oregano, Thymian, Zucker dazugeben, salzen und pfeffern. 3 EL Wasser angießen, aufkochen lassen, anschließend bei geringer Hitze 30 Min. köcheln lassen, bis die Tomaten eine püreeartige Konsistenz erhalten haben. Nochmals kräftig abschmecken. Lorbeerblatt entfernen.

4 Die Bohnen in der Tomatensoße kurz erhitzen. Petersilie waschen, Blättchen abzupfen, hacken und unterrühren. Den Käse auf die Bohnen streuen und bei geschlossenem Topf schmelzen lassen. Mit Baguette servieren.

V A R I A N T E

Die Bohnen in eine gefettete Auflaufform geben, die Tomatensauce darüber füllen, mit Käse bestreuen und im Backofen 25 Min. überbacken.

Arizona Bohnensuppe

● Winter
● Gelingt leicht

Für 2 Personen:

200 g weiße getrocknete Bohnen
2 Zwiebeln
1 großes Bund Petersilie
2 EL Olivenöl
Salz
Zucker
1 TL Zitronensaft
70 g Tomatenmark
1/2 Würfel Gemüsebrühe, Instant

Zubereitungszeit: 15 Min.
Garzeit: 60 Min.
Quellzeit: 12 Std.

Pro Portion ca.: 365 kcal
24 g EW/10 g F/44 g KH

1 Die Bohnen in einem Sieb waschen und über Nacht in 1 1/2 Liter kaltem Wasser einweichen.

2 Die Bohnen mit dem Einweichwasser zum Kochen bringen und bei geringer Wärmezufuhr in 1 Std. garen. Wenn die Suppe zu dick wird, noch etwas heißes Wasser dazugießen.

3 Inzwischen die Zwiebeln pellen, abspülen und würfeln. Die Petersilie waschen, Blättchen abzupfen und hacken. Öl erhitzen und die Zwiebeln darin andünsten.

4 Die Bohnensuppe mit Salz, Zucker, Zitronensaft, Tomatenmark und Brühwürfel würzen und noch 5 Min. garen. Mit den Zwiebeln und der Petersilie abschmecken. Eventuell noch Zucker oder Zitronensaft hinzufügen.

V A R I A N T E

Diese Suppe läßt sich gut um Gemüse wie Lauch, Mais, Paprika und Tomaten erweitern.
Dazu das Gemüse 15 Min. vor dem Ende der Garzeit den Bohnen zufügen.

**Im Bild vorne: Weiße Bohnen mit Tomatensauce
Im Bild hinten: Arizona Bohnensuppe**

Ein Backofen ist der Helfer, wenn Sie Freunde eingeladen haben. Sie bereiten den Auflauf, die Tarte oder Pizza in aller Ruhe vor und stellen sie kühl. Bevor die Freunde kommen, in den Backofen schieben, und er vollendet das Werk.

Aufläufe

In Aufläufen vermischen sich die Aromen der Zutaten während des Backens zu einem harmonischen Gericht. Schieben Sie den Auflauf sofort nach der Vorbereitung, nämlich wenn die Zutaten noch warm sind, in den Ofen, so beträgt die Garzeit 20–30 Min. Einen Deckel braucht er dann nicht. Haben Sie ihn schon eher vorbereitet und die Zutaten sind erkaltet, dauert es 50–60 Min. bis der Auflauf durch und gar ist. Damit er während der längeren Garzeit nicht verbrennt, wird der Auflauf abgedeckt und erst 10 Min. vor dem Ende der Deckel abgenommen. Sollte Ihre Auflaufform keinen Deckel haben, können Sie zum Abdecken auch Alufolie nehmen.

Quiche und Tartes

Die Spezialitäten Quiche und Tarte haben meistens als Grundlage Mürbeteig. **Grundrezept:** 200 g Weizenvollkornmehl auf die Arbeitsfläche geben. 100 g Butter in Flocken, 1 Ei und 1 Prise Salz in die Mitte geben, alles rasch verkneten, in Frischhaltefolie wickeln und 15 Min. im Kühlschrank ruhen lassen.

Form fetten, Teig ausrollen oder mit den Händen in die Form drücken.

Teig mit einer Gabel mehrmals einstechen.

Für glückliche Backofen- besitzer

Bei 200° 15 Min. vorbacken. Belag auf dem Teig verteilen und Quiche/Tarte in 30 Min. goldbraun backen. Für die flachen Kuchen eignen sich sowohl süße als auch herzhafte Beläge. Sowohl Teig als auch Belag lassen sich gut am Tag zuvor vorbereiten und werden dann im Kühlschrank aufbewahrt.

Fertige Quiches und Tartes lassen sich gut einfrieren. Um sie dann zuzubereiten, gibt man sie 35 Min. bei 200° in den Ofen. Wenn Sie etwas mehr Zeit haben, tauen Sie die Tarte 4 Std. auf, dann braucht sie im Backofen bei 200° nur noch 15 Min. Tartes nicht länger als 5 Monate in der Tiefkühlung aufbewahren.

Vorbereiten der Backformen

Auflauf- und Backformen müssen eingefettet werden. Für Kuchenteige können Sie Butter oder Margarine nehmen, für herzhafte Teige außerdem Öl. Backformen werden nach dem Einfetten mit etwas Paniermehl, Grieß oder feinen Haferflocken ausgestreut. So läßt sich der Kuchen nach dem Backen leichter aus der Form lösen.

Backbleche legen Sie mit Backpapier aus. Es läßt sich je nach Gebäck zwei- bis dreimal verwenden.

Schnelle Teige

Teige lassen sich gut in der Tiefkühlung im Vorrat halten. Bereiten Sie z.B. für die Pizza auf Seite 50 gleich die doppelte Menge Hefeteig zu. Eine Hälfte verarbeiten Sie gleich weiter, die zweite frieren Sie nach dem ersten Gehvorgang und nochmaligem Durchkneten ein. Wenn Sie das nächste Mal Pizza backen wollen, Teig 2 Std. auftauen lassen, durchkneten, auf dem Blech ausrollen und 10 Min. gehen lassen. Pizza belegen und in den Ofen schieben.

Praktisch ist außerdem Tiefkühl-Blätterteig. Die einzeln entnehmbaren Scheiben sind schnell aufgetaut und lassen sich zu süßen oder herzhaften Taschen formen. Schnelle Füllungen sind Früchte, auch Apfelmus, gesüßter Quark, Schafskäse und Oliven.

Die verschiedenen Qualitäten von Mehl

Die gängigsten Mehlsorten im Handel sind Weizen- und Roggenmehl. Sie haben Typebezeichnungen. Diese sagen aus, wieviel mg Mineralstoffe auf 100 g Trockensubstanz (Mehl) kommen. Weizenmehl Type 405 hat demzufolge 405 mg Mineralstoffe in 100 g Mehl. Ballaststoffe hat dieses feine Mehl nicht mehr. Es besteht zu 80 % aus Stärke, gut 10 % aus Eiweiß und die restlichen Prozent machen Wasser aus. Diese Zusammensetzung verleiht ihm sehr gute Backeigenschaften. Leider ist es nicht mehr sehr nährstoffreich. Für Rühr-, Hefe- und Mürbeteig lassen sich darum auch sehr gut Mehle mit den höheren Typebezeichnungen verwenden. Bei Weizenmehl reicht die Type bis 1600 und bei Roggenmehl bis 1750. Und außerdem gibt es Vollkornmehl, für das das volle Korn vermahlen wird.

Je heller ein Mehl ist, desto weniger Ballaststoffe und Mineralstoffe enthält es.

Auberginen nach Schweizer Art

● Sommer/Herbst
● Raffiniert

Für 2 Personen:

Salz
2 Auberginen
1 Zwiebel
1 Knoblauchzehe
1 EL Butter
1 TL Mehl
1 Tasse Gemüsebrühe
Pfeffer
je 1 gestrichener TL Oregano und Thymian
80 g frisch geriebener mittelalter Gouda oder Gryerzer
Öl für die Form

Zubereitungszeit: 15 Min.
Backzeit: 20 Min.

Pro Portion ca.: 290 kcal
15 g EW/19 g F/15 g KH

1 1 l Wasser in einem Topf aufkochen, etwas salzen. Inzwischen Auberginen waschen, halbieren und Stielansätze entfernen. Auberginen im kochenden Wasser 5 Min. blanchieren. Danach die Auberginen auf einem Sieb abtropfen lassen.

2 Die Zwiebel pellen, abspülen, würfeln. Die Knoblauchzehe pellen, durchpressen. Eine Auflaufform mit etwas Öl einfetten.

3 Die Auberginenhälften aushöhlen. Dazu schneiden Sie am besten die Aubergine mit einem Küchenmesser 2 cm vom Rand rundherum ein. Das Gemüsefleisch herausheben, kleinschneiden.

4 Butter erhitzen, Auberginenfleisch mit der Zwiebel darin andünsten, mit Mehl bestäuben. Mit der Gemüsebrühe ablöschen und mit Pfeffer, Oregano, Thymian und Knoblauch würzen.

5 Den Backofen auf 225° vorheizen. Die Auberginenhälften mit der Füllung füllen, in die Auflaufform setzen, mit Käse bestreuen. Etwa 3-4 EL Wasser in die Form geben und das Gemüse 20-25 Min. im Backofen (Mitte Umluft 180°) überbacken. Als Vorspeise mit Toastbrot oder als Hauptgericht mit Reis und Tomatensauce servieren.

Sauerkrautauflauf

● Winter
● Preiswert

Für 2 Personen:

1/2 l Gemüsebrühe, Instant
100 g Grünkern (oder Dinkel)
3 Zwiebeln
1 großer säuerlicher Apfel (z.B. Boskop)
250 g Sauerkraut
1 EL Butter
1/2 TL Kümmelkörner
1 Prise Kräutersalz
1 Prise Korianderpulver
7 EL süße Sahne
100 g frisch geriebener Emmentaler, Parmesan oder mittelalter Gouda
Öl für die Form

Zubereitungszeit: 15 Min.
Garzeit der Körner: 40 Min.
Backzeit: 30 Min.

Pro Portion ca.: 590 kcal
23 g EW/31 g F/54 g KH

1 Brühe in einem Topf zum Kochen bringen. Grünkern waschen, in der Brühe aufkochen lassen, dann bei schwacher Hitze 30-40 Min. ausquellen lassen.

2 Inzwischen Zwiebeln schälen, abspülen und in kleine Würfel schneiden. Apfel waschen, schälen und würfeln. Sauerkraut kleinschneiden.

3 Butter erhitzen, Zwiebeln darin andünsten, Sauerkraut dazugeben und 5 Min. mitdünsten lassen. Apfel unterheben und alles 15 Min. garen. Falls die Sauerkraut-Apfel-Mischung zu trocken ist, 2-3 EL Gemüsebrühe vom Grünkern abnehmen und unterrühren. Mit Kümmel, Kräutersalz und Koriander würzen.

4 Eine Auflaufform mit etwas Öl einfetten. Den Backofen auf 200° vorheizen. Grünkern in ein Sieb abgießen, Brühe auffangen.

5 Die Hälfte vom Sauerkraut, den Grünkern und restliches Sauerkraut in die Auflaufform einschichten. Mit etwa 2 EL aufgefangener Brühe und der Sahne übergießen. Den Käse obenauf verteilen. Den Auflauf mit Deckel im Backofen (Mitte Umluft 170°) 30-40 Min. backen. 10 Min. vor Ende der Garzeit den Deckel abnehmen, damit sich eine goldgelbe Kruste bildet. Dazu paßt ein frischer, gemischter Salat.

Im Bild vorne: Auberginen nach Schweizer Art
Im Bild hinten: Sauerkrautauflauf

Kartoffelgratin mit Lauch

● Gelingt leicht
● Für Gäste

Für 2 Personen:

1 kg Kartoffeln
2 Stangen Lauch
1 Knoblauchzehe
1 Becher Sahne
6 EL Buttermilch
2 Eigelb
Kräutersalz
Pfeffer
1 Prise Cayennepfeffer
100 g frisch geriebener
Käse (z.B. Emmentaler,
Gouda)

Zubereitungszeit: 25 Min.
Backzeit: 1 Std.

Pro Portion ca.: 890 kcal
31 g EW/54 g F/68 g KH

1 Die Kartoffeln schälen, waschen und in dünne Scheiben schneiden.

2 Vom Lauch die welken Teile entfernen, Dunkelgrünes und Wurzel abschneiden. Lauch in Ringe schneiden, waschen, in einem Sieb abtropfen lassen. Die Knoblauchzehe pellen, halbieren.

3 Eine Auflaufform mit Deckel mit der Schnittfläche der Knoblauchzehe ausreiben. Die Kartoffelscheiben und Lauchringe einschichten. Den Backofen auf 220° vorheizen.

4 Sahne, Buttermilch mit Eigelb, Kräutersalz, Pfeffer und Cayennepfeffer verquirlen und über die Kartoffeln gießen. Den Käse darüber streuen. Im Backofen (Mitte Umluft 190°) 50 Min. mit Deckel backen, dann 10 Min. ohne Deckel, um eine goldgelbe Kruste zu erreichen.

Mangold-Tarte

● Sommer/Herbst
● Raffiniert

Für 2 Personen:

3 Blätter TK-Blätterteig
500 g Mangold
2 Zwiebeln
125 g milden Schafskäse
1 TL Butter
Salz · Pfeffer
7 EL Gemüsebrühe, Instant
100 g Crème fraîche
5 EL Sahne
2 Eigelb
Butter für die Tarteform
1 Eigelb

Zubereitungszeit: 30 Min.
Backzeit: 25 Min.

Pro Portion ca.: 1010 kcal
28 g EW/80 g F/43 g KH

1 Blätterteig zum Auftauen 10 Min. auf eine bemehlte Arbeitsfläche legen.

2 Mangold waschen. Mangoldblätter von den Stengeln trennen und beides in feine Streifen schneiden. Zwiebeln schälen, abspülen und würfeln. Schafskäse in kleine Würfel schneiden. Jede Lage Blätterteig auf etwas Mehl in der Größe der Tarteform ausrollen.

3 Butter erhitzen und die Zwiebeln darin andünsten. Mangoldstengel 5 Min. mitdünsten, etwas später die Mangoldblätter dazugeben. Mit Salz und Pfeffer würzen und 75 ml Gemüsebrühe angießen. Gemüse 10-15 Min. bei schwacher Hitze gar dünsten.

4 Das Gemüsewasser abgießen, auffangen und 5 EL wieder zurückgeben. Crème fraîche und Sahne mit dem Eigelb verquirlen und unter den Mangold rühren, 5 Min. durchziehen, aber nicht mehr kochen lassen.

5 Den Backofen auf 200-225° vorheizen. Tarteform buttern und wie folgt einschichten: 1 Lage Blätterteig, Mangold, Schafskäse, wiederholen, als letzte Schicht Blätterteig. Mit verquirltem Ei bestreichen und 25 Min. (Mitte Umluft 170°) überbacken. Dazu paßt als Vorspeise oder Beilage ein gemischter Salat.

Im Bild vorne:
Mangold-Tarte
Im Bild hinten: Kartoffelgratin mit Lauch

Gefüllte Auberginen mit Couscous

🟢 Sommer/Herbst
🔴 Raffiniert

Für 2 Personen:

100 g Couscous-Grieß
3/4 l Tomatensaft
2 Auberginen
200 g Champignons
1 Zwiebel
100 g milder Schafskäse
einige Zweige Minze
2 EL Butter
Salz · Pfeffer
1 Ei
1 TL Curry
1 Prise gemahlener Kümmel
1 TL Zitronensaft
Öl für die Form

Zubereitungszeit: 30 Min.
Backzeit: 30 Min.

Pro Portion ca.: 545 kcal
29 g EW/21 g F/57 g KH

1 In einer Schüssel Couscous mit 1/4 l Tomatensaft begießen und 20 Min. quellen lassen. Inzwischen Auberginen waschen, Stielansätze entfernen, längs halbieren, blanchieren und aushöhlen (siehe S. 44). Einen Rand von 1 cm stehenlassen. Auberginenfleisch fein hacken. Champignons mit einem Küchentuch abreiben, trockne Stielansätze abschneiden. Pilze grob hacken. Die Zwiebel pellen, ab- spülen und fein hacken. Schafskäse zerbröckeln. Minzeblätter in feine Streifen schneiden.

2 In einer Pfanne 1 EL Butter erhitzen, Zwiebel darin glasig dünsten. Auberginen- fleisch dazugeben und 5 Min. mitdünsten, salzen und pfeffern, aus der Pfanne nehmen.

3 1 EL Butter erhitzen, die Champignons darin dünsten, bis die Flüssig- keit verdampft ist. Backofen auf 200° vor- heizen. Eine Auflauf- form mit etwas Öl einfetten.

4 Couscous, Auber- ginen und Pilze vor- sichtig vermengen. Das Ei, Curry, Kümmel, Zi- tronensaft und Schafs- käse sowie ein paar Minzestreifen unter das Gemüse geben. Die Auberginenhälften in die Auflaufform setzen, mit der Cous- cousmasse füllen. Den restlichen Tomatensaft angießen. Im Backofen (Mitte Umluft 170°) 30 Min. ohne Deckel garen. Dazu schmeckt Roggenbaguette.

Folienkartoffeln mit Dip

🔵 Preiswert
🔴 Gelingt leicht

Für 2 Personen:

6–8 gleichgroße Kartoffeln
etwas Olivenöl
Für den Käsedip:
100 g Blauschimmelkäse
100 g Dickmilch
2 EL Crème fraîche
1 TL Zitronensaft
Pfeffer
Für den Kräuterquarkdip:
250 g Quark
60 g Frischkäse
2 EL saure Sahne
1 kleine Zwiebel
1 Knoblauchzehe
Salz · Pfeffer
Kräuter nach Belieben: einige Stengel Petersilie, Schnittlauch, Dill, Pimpinelle, Sauerampfer, Borretsch, Basilikum

Zubereitungszeit: 20 Min.

Pro Portion ca.: 740 kcal
35 g EW/40 g F/58 g KH

1 Die Kartoffeln gründlich waschen und bürsten, etwas abtrocknen und die Schale einige Male kreuz und quer ein- ritzen. Jede Kartoffel in leicht geölte Alufolie einpacken. Den Back- ofen auf 225° vor- heizen.

2 Kartoffeln auf einem Backblech 30-40 Min. (Mitte Umluft 180°) backen lassen. Folie vorsichtig öffnen und so noch 10 Min. bak- ken, um Bräunung zu erreichen. Die Kartof- felschale ist grund- sätzlich verzehrbar.

3 In der Zwischenzeit für den Käsedip Blau- schimmelkäse mit einer Gabel zerdrücken, mit Dickmilch, Crème fraîche und Zitronen- saft verrühren. Mit Pfeffer würzen und in ein Schälchen füllen.

4 Für den Kräuter- quarkdip Quark, Frisch- käse und saure Sahne verrühren. Die Zwiebel und die Knoblauchzehe pellen, fein würfeln und unterrühren. Mit Salz und Pfeffer würzen. Kräuter wa- schen, hacken, unter den Dip mengen. Dip in ein Schälchen füllen. Dips mit den Kartoffeln servieren.

Im Bild vorne: Folien- kartoffeln mit Dip
Im Bild hinten: Gefüllte Auberginen mit Couscous

Fladenbrot-Pizza

● Schnell
● Raffiniert

Für 2 Personen:

2 Zwiebeln
200 g Champignons
2 große Tomaten
1 Knoblauchzehe
1 TL Butter
1 Fladenbrot
1/2 Becher Crème fraîche (oder Schmand)
1/2 TL Pizzagewürz
2 EL frisch geriebener Käse

Zubereitungszeit: 15 Min.
Backzeit: 10-15 Min.

Pro Portion ca.: 605 kcal
19 g EW/24 g F/78 g KH

1 Zwiebeln pellen, abspülen, in Scheiben schneiden. Champignons mit einem Küchentuch vorsichtig abreiben, trockene Stielenden entfernen. Pilze in Scheiben schneiden.

2 Die Tomaten waschen, Stielansätze entfernen und in Scheiben schneiden. Knoblauch pellen, durchpressen.

3 Butter in einer Pfanne erhitzen. Zwiebeln mit dem Knoblauch 5 Min. darin andünsten, die Champignons mitdünsten, bis die Flüssigkeit verdampft ist.

4 Backofen auf 225° vorheizen. Fladenbrot wie ein Brötchen aufschneiden und auf ein Backblech legen. Beide Hälften mit Crème fraîche bestreichen, Zwiebeln und Pilze darauf verteilen, mit Tomatenscheiben belegen, mit Pizzagewürz würzen, Käse darüber streuen. Im Backofen (Mitte Umluft 190°) 10-15 Min. überbacken, bis der Käse zerlaufen ist.

Pizza »Wie bei Muttern«

● Gelingt leicht
● Für Gäste

Für ein Backblech:

Für den Teig:
60 g Margarine
400 g Weizenvollkornmehl
1 TL Salz
1/2 Würfel frische Hefe (21 g)
Für den Belag:
1 Dose Tomaten (800 g)
1 große Gemüsezwiebel
1 Knoblauchzehe
3 TL Olivenöl
1 TL Basilikum
1 TL Thymian
1 TL Oregano
Salz · Pfeffer
1 rote Paprikaschote
1 grüne Paprikaschote
2 kleine Zucchini
200 g Champignons
1/2 Bund Petersilie
Für den Guß:
1/8 l Milch
2 Eier
Salz · Pfeffer
Muskatnuß
200 g geriebenen Käse (z.B. Gouda oder Emmentaler)

Zubereitungszeit: 30 Min.
Ruhezeit für den Hefeteig:
1 Std. 10 Min.

Pro Portion ca.: 150 kcal
7 g EW/7 g F/14 g KH

1 1/8 l Wasser in einem kleinen Topf leicht erwärmen, die Margarine in Stückchen darin mit erwärmen. Mehl und Salz vermischen, in die Mitte die Hefe bröseln.

Lauwarmes Wasser und Margarine nach und nach dazugeben und solange kneten, bis sich der Teig vom Rand löst. Teig abdecken und an einem warmen Ort 1 Std. gehen lassen.

2 Die Tomaten in kleine Würfel schneiden. Die Zwiebel und Knoblauchzehe pellen und fein würfeln. In einem Topf das Öl erhitzen, Zwiebel und Knoblauch darin andünsten, die Tomaten mit dem Tomatensud dazugeben und alles 5 Min. köcheln lassen. Mit Basilikum, Thymian, Oregano, Salz und Pfeffer würzen und leicht abkühlen lassen.

3 Die Paprikaschoten vierteln, waschen, putzen und in feine Streifen schneiden. Die Zucchini waschen, den Blütenansatz entfernen, Zucchini in Scheiben schneiden. Die Champignons vorsichtig mit einem Küchentuch säubern, dunkle Stellen entfernen, Pilze in Scheiben schneiden. Die Petersilie waschen und fein hacken.

4 Für den Guß die Milch mit den Eiern

verquirlen, mit Salz, Pfeffer und Muskat würzen.

5 Den Backofen auf 200° vorheizen. Ein Backblech mit etwas Öl fetten. Den Hefeteig mit der Hand kurz durchkneten, auf dem Blech ausrollen. Etwa 10 Min. gehen lassen. Die Tomatensauce auf den Teig streichen, das Gemüse daraufgeben, mit Käse bestreuen und zuletzt den Guß sorgfältig über die Pizza verteilen. Im Backofen (Mitte Umluft 170°) etwa 30 Min. backen, bis die Pizza goldgelb ist.

Im Bild vorne:
Fladenbrot-Pizza
Im Bild hinten: Pizza
»Wie bei Muttern«

Dinkelbrötchen

● Preiswert
● Für Gäste

Für 7 Brötchen:

500 g Dinkelschrot
(im Naturkostladen
mahlen lassen)
1 Tüte Trockenhefe
1 TL flüssiger Honig
(oder 1 Prise Zucker)
60 g Butter
(oder Margarine)
1 TL Salz
1 Msp. Ascorbinsäure
(Apotheke)

Zubereitungszeit: 15 Min.
Ruhezeit: 1 Std. 20 Min.
Backzeit: 20 Min.

Pro Stück ca.: 300 kcal
9 g EW/9 g F/45 g KH

1 Schrot in eine Schüssel geben, in die Mitte eine kleine Vertiefung drücken, Hefe hineingeben. Honig oder Zucker darüber geben. 320 ml Wasser lauwarm erwärmen. 7 EL Wasser auf die Hefe-Honig-Mischung geben und leicht verrühren. Schüssel abdecken und an einem warmen Ort 20 Min. gehen lassen.

2 Währenddessen Butter im restlichen Wasser bei schwacher Hitze auflösen und auf Handwärme wieder abkühlen lassen. Zum Vorteig Salz, Ascorbinsäure und Butter-Wasser geben und

kneten, bis sich der Teig vom Rand löst. Hefeteig abdecken und weitere 40 Min. gehen lassen, bis sich sein Volumen etwa verdoppelt hat.

3 Den Teig nochmals durchkneten, zu einer Rolle formen und in 7 Portionen teilen. Die Hände etwas bemehlen, Kugeln formen und auf ein mit Backpapier ausgelegtes Backblech setzen. Brötchen ein bißchen flach drücken, mit einem Tuch abdecken und weitere 20 Min. gehen lassen.

4 Backofen auf 225° vorheizen. Brötchen mit Wasser bepinseln und 20 Min. (Mitte Umluft 180°) backen. Während des Backens ein hitzefestes Gefäß mit Wasser auf das Bech stellen.

> **TIP!**
> Die Brötchen bleiben etwa 3 Tage lang frisch. Getoastet schmecken sie besonders gut.

Käsestangen

● Gelingt leicht
● Für Gäste

Ergibt ca. 60 Stück:

300 g TK- Blätterteig
1 Eigelb
3 EL Milch
200 g frisch geriebener
Emmentaler oder
mittelalter Gouda
Kümmel oder Paprika,
edelsüß
Mehl für die Arbeitsfläche

Zubereitungszeit: 20 Min.
Backzeit: ca. 20 Min.

Bei 60 Stück pro Stück ca.:
35 kcal
1 g EW/3 g F/2 g KH

1 Die Blätterteigscheiben zum Auftauen für etwa 10 Min. auf eine bemehlte Arbeitsplatte legen. Das Eigelb mit der Milch verquirlen.

2 Jede Teigplatte auf wenig Mehl auf die doppelte Größe ausrollen. Die Teigplatten längs mit einem Kuchenrädchen in 1 1/2 cm schmale Streifen schneiden. Die Streifen mit der Eiermilch bestreichen und mit dem Käse bestreuen. Nach Belieben mit Kümmel oder Paprika würzen.

3 Den Backofen auf 225° vorheizen. Die

Stangen mit einem Pfannenheber auf ein mit Backpapier ausgelegtes Backblech legen und im Backofen (Mitte Umluft 190°) in 15-20 Min. knusprig backen.

>
> **TIP!**
> Käsestangen schmecken frisch am besten. Sie eignen sich prima als Mitbringsel zu Feten.

Im Bild links:
Dinkelbrötchen
Im Bild rechts:
Käsestangen

Süß ist ein Geschmack, der von allen Menschen vom Säuglingsalter an als positiv empfunden wird. Die übrigen Geschmacksempfindungen salzig, sauer und bitter zu mögen, wird dagegen erst erlernt. Vielleicht liegt hierin der Schlüssel für unseren hohen Zuckerverzehr, der jährlich bei 45 kg pro Kopf liegt.

Weißer Zucker

Das am häufigsten zum Süßen eingesetzte Lebensmittel ist Zucker, denn er hat bis auf seine intensive Süße kaum Eigengeschmack.

Gewonnen wird er aus Zuckerrohr und in Mitteleuropa häufiger aus der Zuckerrübe. Nach vielen Verarbeitungsschritten bleibt ein von fast allen Nährstoffen befreiter Zucker übrig. Die braune Farbe mancher Zucker zeigt keinesfalls noch viele wertvolle Inhaltsstoffe an, sondern rührt von zugesetztem karamelisierten Zucker her. Zucker ist also nicht gerade dazu geeignet, unsere Vitamin- und Mineralstoffspeicher aufzufüllen. Eher leert er sie noch, denn um Kohlenhydrate verdauen zu können, sind Vitamine nötig.

Süßes und Fruchtiges

Alternative Süßungsmittel werden oft ganz bewußt wegen ihrer würzenden Süße eingesetzt.

Alternative Süße

Honig, Ahornsirup, Apfel- und Birnendicksaft sind Alternativen zum industriellen Zucker. Sie entsprechen mehr dem Gedanken des Vegetarismus, denn sie durchlaufen nicht viele Herstellungsverfahren. Der Anteil an Vitaminen und Mineralstoffen ist in ihnen höher als im Industriezucker, jedoch zu gering, um für die tägliche Ernährung eine entscheidende Rolle zu spielen. Ob Sie einen Löffel Honig oder Zucker verwenden, ist deshalb Ihre Entscheidung. Zu manchen Rezepten gefällt vielleicht der feine Honiggeschmack, zu anderen die reine Süße des Zuckers. Aber Süße ist auch Gewohnheitssache. Verwenden Sie Süßungsmittel deshalb immer sparsam.

Obst – das Natursüße

In jeder Jahreszeit haben verschiedene Obstsorten Saison. Zur richtigen Zeit geerntet sind sie dann besonders aromatisch und süß. Folgende Früchte reifen nach der Ernte übrigens noch nach und Sie können Sie deshalb auch unreif kaufen: Äpfel, Aprikosen, Avocados, Bananen, Birnen, Feigen, Guaven, Heidelbeeren, Kiwis, Mangos, Nektarinen, Pfirsiche, Papayas, Passionsfrüchte, Pflaumen, Wasser- und Honigmelonen.

Klassisch und schnell

Vanillecreme
Nach Packungsanweisung von einem 1/2 l Milch einen Vanillepudding kochen, jedoch ein Eigelb mit dem angerührten Puddingpulver verquirlen. Unter den abgekühlten Pudding 200 g steif geschlagene Sahne

ziehen. Dazu passen Früchte der Saison, die Sie auf der Creme dekorieren und unter ihr »verstecken«.

Schnelle »Mousse au chocolat«
Nach Packungsanweisung von 1/2 l Milch einen Schokoladenpudding kochen. In der Milch zusätzlich 6 Stücke Halbbitterschokolade und 1 EL Kakao auflösen und angerührtes Puddingpulver mit einem Eigelb verquirlen. Unter den abgekühlten Pudding 200 g steif geschlagene Sahne ziehen.

Rote Grütze
Pro Person rechnen Sie 150 g Früchte. Mischen Sie, wie es Ihnen gefällt Himbeeren, Brombeeren, Johannisbeeren, Erdbeeren und Kirschen. Die Früchte verlesen bzw. putzen und waschen. Pro Portion 2 EL Apfelsaft angießen und die Früchte erhitzen. 1/2 TL Speisestärke pro Portion mit 2 EL Apfelsaft verrühren und unter die Früchte rühren. Einmal aufkochen lassen, bis die Stärke bindet. Süßen nach Geschmack mit Honig oder Zucker. Grütze abkühlen lassen. Im Winter oder wenn es schnell gehen soll, nehmen Sie Tiefkühl-Beeren. 300 g Beeren ergeben 2–3 Portionen. Dazu paßt Vanillesauce oder Sahne.

Diese drei sind Klassiker (von links nach rechts): Rote Grütze, Vanillecreme, Schnelle »Mousse au chocolat«.

Bratäpfel

● Preiswert
● Gelingt leicht

Für 2 Personen:

4 säuerliche Äpfel (z.B. Boskop)
1 EL Butter
2 EL gehackte Nüsse (oder Mandeln)
1 EL Rosinen
1 EL rote Marmelade (z.B. Erdbeer)
etwas abgeriebene Zitronenschale
2 TL Weißwein (oder Rum)
1 Stück Zimtstange

Zubereitungszeit: 10 Min.
Backzeit: 30 Min.

Pro Portion ca.: 270 kcal
2 g EW/14 g F/34 g KH

1 Die Äpfel waschen. Mit einem Apfelausstecher das Kerngehäuse samt Blüte ausstechen. Den Backofen auf 225° vorheizen.

2 Eine feuerfeste Form mit etwas Butter ausfetten. Die Äpfel in die Form stellen. Nüsse, Rosinen, Marmelade und Zitronenschale vermischen und in die Äpfel füllen. Wein darüber geben. Mit Butterflöckchen die Öffnungen verschliessen. Die Zimtstange zwischen die Äpfel legen. Im Backofen

(Mitte Umluft 190°) 30 Min. backen. Dazu schmeckt eine warme Vanillesauce.

VARIANTE

Ein besonderes Aroma erhalten die Bratäpfel, wenn man sie während des Bratens auf Orangenscheiben setzt.

Früchte auf Joghurtcreme mit Vanilleeis

● Raffiniert
● Für Gäste

Für 2 Personen:

150 g gemischte Beeren, frisch oder TK (z.B. Himbeeren, Johannisbeeren, Blaubeeren)
150 g Sahnejoghurt
1 TL Honig (oder Zucker)
2 EL Zitronensaft
1/8 l Sahne
250 ml Vanilleeis
1 EL gehackte Pistazien

Zubereitungszeit: 15 Min.

Pro Portion ca.: 540 kcal
7 g EW/34 g F/27 g KH

1 Frische Beeren verlesen, waschen und auf einem Sieb gut abtropfen lassen. Tiefgekühlte Beeren etwa 3 Std. bei Zimmertemperatur auftauen lassen.

2 Joghurt mit dem Honig und Zitronensaft verrühren. Die Sahne steif schlagen und mit einem Schneebesen vorsichtig unter den Joghurt ziehen.

3 Das Eis in 4 gleichmäßige Scheiben schneiden. Auf einer großen Platte alle Zutaten anrichten: in die Mitte die Joghurtcreme, rundherum die Beeren verteilen und an

die Beeren das Eis legen. Zuletzt die Pistazien darüber streuen und servieren.

Im Bild vorne:
Früchte auf Joghurtcreme mit Vanilleeis
Im Bild hinten: Bratäpfel

Birnenspalten mit Vanillesauce

● Schnell
● Gelingt leicht

Für 2 Personen:

Für die Vanillesauce:
1/4 l Milch
1/2 Päckchen Vanillesaucenpulver
1/2 TL Honig (oder Zucker)
1 Eigelb
2 Birnen
Für den Teig:
2-3 EL Milch
40 g Vollkornmehl
1 TL Rum
1 Ei
etwas Kokosfett zum Braten

Zubereitungszeit: 20 Min.

Pro Portion ca.: 385 kcal
13 g EW/17 g F/43 g KH

1 Für die Vanillesauce Milch, Saucenpulver, Honig und Eigelb in einem kleinen Topf verquirlen und bei mittlerer Hitze unter Rühren einmal aufkochen lassen. Während des Abkühlens des öfteren umrühren, um eine Hautbildung zu vermeiden.

2 Die Birnen waschen, vierteln, schälen und in Spalten schneiden.

3 Für den Teig Milch, Mehl, Rum und Ei verrühren und jede einzelne Birnenspalte darin wenden.

4 In einer Pfanne das Fett erhitzen und bei mittlerer Hitze die Birnenspalten von jeder Seite backen, bis sie etwas Farbe bekommen.

5 Die Vanillesauce auf 2 Tellern verteilen und die Birnen darauf arrangieren. Nach Belieben mit roter Marmelade garnieren.

Kirschpfannkuchen

Pfannkuchen schmecken am besten direkt aus der Pfanne.

● Sommer/Herbst
● Preiswert

Für 2 Personen:

150 g Weizenvollkornmehl
1 große Prise Salz
1/8 l Milch
2 Eier
160 g Sauerkirschen (evtl. aus dem Glas)
neutrales Öl zum Ausbacken
Puderzucker zum Bestäuben

Zubereitungszeit: 20 Min.

Pro Portion ca.: 455 kcal
18 g EW/15 g F/62 g KH

1 Mehl, Salz, Milch, 1/8 l Wasser und Eier in einer Rührschüssel gut verquirlen und 30 Min. quellen lassen.

2 Kirschen waschen und entkernen. (Kirschen aus dem Glas abtropfen lassen.)

3 In einer Pfanne etwas Öl erhitzen. Teig gründlich aufrühren, 1/4 des Teigs in die heiße Pfanne geben und verlaufen lassen, so daß der Boden der Pfanne bedeckt ist. 1/4 der Kirschen auf dem Teig verteilen. In 2-3 Min. jede Seite des Pfannkuchens goldgelb backen. Vor jedem Backen eines neuen Pfannkuchens den Teig aufrühren, da sich das Vollkornmehl leicht absetzt. Pfannkuchen auf einen Teller gleiten lassen und mit Puderzucker bestäuben.

VARIANTE

500 g Äpfel schälen, mit einem Apfelausstecher entkernen und in Ringe schneiden. 1 EL Honig oder Zucker mit 1/2 TL Zimt, 1 TL Zitronensaft, 1 EL Rum mischen. Die Apfelscheiben darin 10 Min. ziehen lassen. Für den Pfannkuchenteig die Eier trennen. Das Eiweiß zu steifem Schnee schlagen und zuletzt unter den Teig ziehen.
Fett in der Pfanne erhitzen, Pfannkuchenteig hineingeben, Apfelringe dicht aneinander darauf legen. Pfannkuchen, wie im Rezept beschrieben, fertigbacken.

**Im Bild vorne: Birnenspalten mit Vanillesauce
Im Bild hinten: Kirschpfannkuchen**

Schoko-Nuß-Creme als Brotaufstrich

● Schnell
● Raffiniert

40 g Mandelmus
40 g Haselnußmus
(oder von einer Sorte 80 g
alleine verwenden; beides
aus dem Reformhaus oder
Bioladen)
40 g weiche Butter
1 EL Kakaopulver
1 EL Honig
1 Msp. Zimt
1 Prise Salz

Zubereitungszeit: 10 Min.

Gesamt ca.: 715 kcal
11 g EW/56 g F/46 g KH

1 Nußmus in eine
Schüssel geben. Dafür
das auf dem Mus
stehende Öl abgießen,
jedoch auffangen, um
es wieder in das Glas
zurückzugeben. Butter,
Kakao, Honig, Zimt und
Salz zum Mus geben
und alles gründlich
verrühren.

2 Creme abschmecken
und in einem Schraub-
glas im Kühlschrank
aufbewahren.
Die Creme hält sich
10 Tage.

TIP!

Die Schokocreme paßt
auch gut zu Gebäck und
ist auch ein prima
Mitbringsel für Freunde.

Bananen-quark

● Schnell
● Gelingt leicht

Für 2 Personen:

200 g Magerquark
1 EL Zitronensaft
1 TL Honig (oder Zucker)
evtl. etwas Mineralwasser
(oder Milch)
2 Bananen
4 Scheiben Vollkorn- oder
Knäckebrot

Zubereitungszeit: 10 Min.

Pro Portion ca.: 375 kcal
20 g EW/2 g F/69 g KH

1 Quark mit Zitronen-
saft und Honig glatt-
rühren. Falls er zu fest
ist, etwas Mineral-
wasser unterrühren.
Bananen schälen und
in Scheiben schneiden.

2 Die Brotscheiben
dick mit Quark
bestreichen und die
Bananenscheiben
darauf verteilen.
Bald verzehren, da die
Bananen schnell braun
werden.

Datteln mit Käse

● Schnell
● Für Gäste

Für 2 Personen:

200 g frische Datteln
150 g Emmentaler Käse

Zubereitungszeit: 00 Min.

Pro Portion ca.: 510 kcal
23 g EW/23 g F/60 g KH

1 Die Datteln längs
einschneiden und
entkernen. Den Käse
in Stifte schneiden,
etwa 0,5 x 2,0 cm.
Die Käsestifte in die
Dattelkerben legen und
auf einem Teller an-
richten. Dazu passen
Wein und französisches
Baguette.

Im Bild vorne links:
Datteln mit Käse
Im Bild vorne rechts:
Bananenquark
Im Bild hinten:
Schoko-Nuß-Creme
als Brotaufstrich

Impressum

Redaktion: Christine Wehling
Lektorat: Stefanie Poziombka
Layout, Typographie und Umschlaggestaltung:
Heinz Kraxenberger
Satz und Herstellung: Verlagssatz Lingner
Produktion: Helmut Giersberg
Fotos: Odette Teubner; Vorwort: Teubner Archiv
Reproduktion: Repro Schmidt, Dornbirn
Druck und Bindung: Kaufmann, Lahr
ISBN 3-7742-1156-6

Auflage	5.	4.	3.
Jahr	03	2002	2001

Doris Dewitz,
gebürtige Königsbergerin, lebt und arbeitet in
Nienburg. Schon früh entdeckte sie ihre Leiden-
schaft für das Kochen und gab ihre Kenntnisse als
Hauswirtschaftslehrerin an ihre SchülerInnen weiter.
In den Genuß neuer Koch- und Backrezepte läßt sie
heute zunächst ihre Familie kommen, bevor sie als
Dozentin die so erprobten Gerichte in zahlreichen
Kursen an der VHS interessierten Teilnehmern ver-
mittelt. Eine Ausbildung zur Gesundheitsberaterin
erweiterte ihr Repertoire für die vegetarische Küche.
Die in diesem Buch vorgestellten Rezepte hat die
Autorin ihren Kindern ins Studentenleben mitge-
geben.

Odette Teubner
wuchs bereits zwischen Kameras, Scheinwerfern
und Versuchsküche auf. Ausgebildet wurde sie
durch ihren Vater, den bekannten Food-Fotografen
Christian Teubner. Nach einem kurzen Ausflug in
die Modefotografie kehrte sie in die Foodbranche
zurück und hat seitdem das seltene Glück, Beruf
und Hobby zu vereinen.

GASHERD-TEMPERATUR

Die Temperaturstufen bei Gasherden variieren von Hersteller zu Hersteller. Welche Stufe Ihres Herdes der jeweils angegebenen Temperatur entspricht, entnehmen Sie bitte der Gebrauchsanweisung.

BACKEN MIT UMLUFT

Alle Temperatur- und Zeitangaben in diesem Buch beziehen sich aufs Backen mit Ober- und Unterhitze.
Die entsprechende Umluft-Temperatur ist etwa 10 % geringer und ist in jedem Rezept in Klammern angegeben. Beachten Sie beim Backen mit Umluft auch, daß das Gebäck mehr Oberhitze bekommt und dadurch leichter dunkel wird. Behalten Sie das Gebäck deshalb im Auge und decken Sie es, wenn nötig, mit Alufolie ab.

ABKÜRZUNGEN

TL = Teelöffel
EL = Eßlöffel
Msp. = Messerspitze

kcal = Kilokalorien
EW = Eiweiß
F = Fett
KH = Kohlenhydrate

Das Original mit Garantie

Ihre Meinung ist uns wichtig. Deshalb möchten wir Ihre Kritik, gerne aber auch Ihr Lob erfahren. Um als führender Ratgeberverlag für Sie noch besser zu werden. Darum: Schreiben Sie uns! Wir freuen uns auf Ihre Post und wünschen Ihnen viel Spaß mit Ihrem GU-Ratgeber.

Unsere Garantie: Sollte ein GU-Ratgeber einmal einen Fehler enthalten, schicken Sie uns das Buch mit einem kleinen Hinweis und der Quittung innerhalb von sechs Monaten nach dem Kauf zurück. Wir tauschen Ihnen den GU-Ratgeber gegen einen anderen zum gleichen oder ähnlichen Thema um.

Ihr Gräfe und Unzer Verlag
Redaktion Kochen
Postfach 86 03 25
81630 München
Fax: 0 89 / 4 19 81 – 113
e–mail:
leserservice@graefe-und-unzer.de